RAL · NEU 研究报告　No. 0038

渗碳轴承钢的热处理工艺及组织性能

轧制技术及连轧自动化国家重点实验室
（东北大学）

北　京
冶　金　工　业　出　版　社
2021

内容简介

本书介绍了东北大学轧制技术及连轧自动化国家重点实验室对高铁轴承用20CrNi2MoV渗碳钢热处理工艺的最新研究进展。首先介绍了20CrNi2MoV渗碳钢的制备过程以及连续冷却转变行为；其次介绍了渗碳实验钢在不同二次淬火温度和不同回火温度下渗碳层和心部组织性能的演变规律，通过在二次淬火和低温回火工艺之间添加深冷处理工艺，研究不同深冷处理温度对渗碳层和心部微观组织演变和力学性能的影响，优化渗碳后热处理工艺，提高实验钢渗碳层和心部的力学性能；最后试制轴承套圈，装配成高铁轴承样品，试制轴承耐热性能和强化耐久性均通过台架试验考核。

本书可供冶金企业、科研院所从事特殊钢生产，尤其是渗碳轴承钢热处理工艺开发的科技人员以及高等院校相关专业的师生学习与参考。

图书在版编目(CIP)数据

渗碳轴承钢的热处理工艺及组织性能/轧制技术及连轧自动化国家重点实验室（东北大学）著. —北京：冶金工业出版社，2020.6（2021.5重印）
（RAL·NEU研究报告）
ISBN 978-7-5024-8498-9

Ⅰ.①渗… Ⅱ.①轧… Ⅲ.①高速列车—轴承钢—热处理—生产工艺 Ⅳ.①U292.91 ②TG142.41

中国版本图书馆CIP数据核字（2020）第071936号

出版人 苏长永
地　址 北京市东城区嵩祝院北巷39号 邮编 100009 电话 (010)64027926
网　址 www.cnmip.com.cn 电子信箱 yjcbs@cnmip.com.cn
责任编辑 卢 敏 美术编辑 彭子赫 版式设计 孙跃红
责任校对 卿文春 责任印制 李玉山
ISBN 978-7-5024-8498-9
冶金工业出版社出版发行；各地新华书店经销；北京建宏印刷有限公司印刷
2020年6月第1版，2021年5月第2次印刷
169mm×239mm；8.75印张；137千字；126页
68.00元
冶金工业出版社 投稿电话 (010)64027932 投稿信箱 tougao@cnmip.com.cn
冶金工业出版社营销中心 电话 (010)64044283 传真 (010)64027893
冶金工业出版社天猫旗舰店 yjgycbs.tmall.com
（本书如有印装质量问题，本社营销中心负责退换）

研究项目概述

1. 研究项目背景与立题依据

高速铁路是一种资源节约型和环境友好型的绿色交通运输方式，我国高速铁路发展迅猛，截至2019年，高速铁路营业里程超过3.5万千米，居全球第一。《中长期铁路网规划》指出，到2025年，我国高铁里程将达到3.8万千米左右，覆盖80%以上大中城市。然而，尽管坐拥全球近70%的营运里程、世界第一的商业运营速度，中国高铁仍难言已站在世界之巅。事实上，我国高速列车关键材料国产化进程滞后，过分依靠国外技术和产品，特别是对时速250千米以上的高速列车用关键材料缺乏技术储备。目前，我国高速动车组轮轴系统（车轮、车轴、轴承）、转向架系统、制动系统（制动盘、摩擦副）等关键部件以及材料仍依赖进口。尤其是高铁轴承国内无法提供，完全依赖进口，不仅严重制约了我国高铁列车产业的正常发展，而且与我国高铁的整体技术发展水平极不相适应。

轮对轴承作为高铁列车关键部件中承受随机动载最强烈的部件，关乎高铁列车的安全运行。因此，高铁列车轴承要求具有高强度、高韧性、高表面硬度、长接触疲劳寿命和尺寸稳定性。国际上生产高铁轴承的公司主要有瑞典SKF，德国FAG，美国TIMKEN，日本NTN、NSK和KOYO等。其中，瑞典SKF的高铁列车轴承在全世界应用最广。目前，我国高铁列车轴承的具体配套情况为：CRH1和CRH5使用SKF轴承，CRH2使用NTN和NSK轴承，CRH3使用FAG轴承。

轴承质量的影响因素除轴承结构设计和制造精度外，轴承钢是关键。轴承钢的质量对轴承的质量、使用寿命和可靠性能起着至关重要的作用。轴承钢是特殊钢产品中要求最为严格的产品，也被称为“特钢之王”。轴承钢的质量问题严重影响下游轴承制造行业的发展，轴承钢中非金属夹杂物、组织的均匀性及热处理工艺对轴承的质量和寿命有很大的影响。因此，轴承行业的进步必须保证轴承钢的高洁净度、高均匀性以及冶金质量的稳定性。目前我国特殊钢生产企业中仅有几家企业的轴承钢质量得到了 SKF、FAG、NSK 和 NTN 等世界著名轴承公司的认证，大多数的特殊钢生产企业没有掌握关键技术，产品多为低附加值的轴承钢，结果造成在技术含量低的轴承钢市场供大于求，在技术含量较高的轴承钢市场依赖进口的现象。

高速铁路的快速发展势必会带动高铁轴承需求的增长。轴承钢的冶炼、热加工和热处理技术水平落后是我国高铁轴承质量偏低的重要原因。因此，针对时速 200~250km 高铁列车，自主研发高质量轴承钢材料的冶金、加工和热处理工艺技术，建立相应的设计、评价、检测和标准体系，突破国外的技术垄断和技术壁垒，进而实现高铁轴承材料的国产化，对于保障我国高铁行业的可持续发展具有十分重要的意义。在该背景下，《钢铁工业“十二五”发展规划》中将高速铁路列车等重大装备用高品质轴承钢列为重点研发的关键特殊钢品种之一，这对我国高品质轴承钢的发展无疑是一个巨大的机遇和挑战。本研究以国家 863 计划项目“重大装备用轴承钢关键技术开发”为依托，开展高铁轴承钢的热加工和热处理的基础研究工作，包括钢种成分体系优化、热加工及热处理技术改进等。实验研究工作力求为实现高铁轴承国产化提供理论和技术支撑。

2. 研究进展与成果

本项目研究围绕高铁轴承用 20CrNi2MoV 渗碳钢热处理工艺，首先优化了实验钢的化学成分开始，改进预处理工艺，以研究实验钢渗碳层和心部的相变行为，并获得了合理的二次淬火+低温回火工艺制度；其次，提出二次淬火+深冷处理+低温回火工艺制度，以提高实验钢渗碳层及心部性能；最后分析了深冷处理工艺对实验钢耐磨性和接触疲劳性能的影响，分析了磨损机制和接触疲劳机制，证明了深冷处理在提高实验钢整体性能上的作用。

本项目研究工作的主要进展：

（1）在普通铁路轴承用 G20CrNi2MoA 钢的基础上，通过降 Cr 增 Ni 和 Nb、V 复合微合金化，优化得到高铁轴承用 20CrNi2MoV 钢。渗碳热处理结果表明，20CrNi2MoV 钢渗碳性能和淬透性良好，能够满足高铁轴承用钢要求。

（2）研究了实验钢渗碳层和心部组织的相变行为。

（3）研究了渗碳实验钢在850～950℃不同二次淬火温度和120～360℃不同回火温度下渗碳层和心部组织和性能的演变，在合理匹配渗碳层和心部组织和性能的基础上，得到合理的二次淬火温度和低温回火温度分别为900℃和180℃，确定了实验钢渗碳后热处理工艺制度为：渗碳+一次淬火后重新加热到900℃保温45min进行二次淬火，然后加热到180℃保温不低于2h进行低温回火。

（4）深冷处理明显改善了实验钢渗碳层和心部组织。深冷处理工艺下渗碳层组织中残余奥氏体含量降低，碳化物含量提高；心部组织中大角度晶界比例提高，残余奥氏体含量降低，碳化物尺寸更加细小弥散且分布均匀。同时深冷处理通过促进马氏体组织碎化、降低残余奥氏体含量和提高微细碳化物析出，对实验钢组织和性能有显著的改善和提升，实验钢的力学性能达到了高铁轴承用钢要求。确定了实验钢二次淬火+深冷处理+低温回火的热处理工艺为：900℃保温45min淬火，淬火至室温后立即进行深冷处理，深冷处理温度为-196℃，深冷处理时间不少于3h，深冷处理后进行180℃低温回火，回火时间不少于2h。

（5）与二次淬火+回火工艺相比，深冷工艺下渗碳层中碳化物大量析出，不仅提高了渗碳层硬度，而且降低了基体中碳和合金元素的含量，提高了马氏体基体的韧性，从而大大提高了耐磨性，使实验钢的磨损速率降低；同时深冷处理后的实验钢渗碳层组织中碳化物颗粒细小弥散分布，不易发生应力集中，且细小的碳化物不易剥落而成为疲劳源，因此有益于滚动接触疲劳寿命的提高，疲劳寿命的稳定性增强。除提升力学性能外，添加深冷工艺既有效降低了渗碳层中淬火后过多的残余奥氏体，又使保留下来的一定数量的残余奥氏体具有很大的机械稳定性，保证了轴承的尺寸稳定性。

（6）利用以上研究成果试制高铁轴承样品并进行了台架实验。试验过程中轴承运转平稳，轴承整体通过了热性能以及耐久性强化性能考核，达到高铁轴承的设计要求。

3. 论文、专利及获奖

论文：

（1）李彬周，张建，李长生，李忠之，乔兵．20CrNi2Mo渗碳轴承钢变形抗力研究\ [J]. 塑性工程学报, 2014, 21 (6): 81~85.

(2) 李彬周, 李长生, 张建, 李振兴, 乔兵, 李忠之. 20CrNi2MoV 钢连续冷却过程中的相变行为\ [J]. 辽宁科技大学学报, 2017 (1) .

(3) Li Binzhou, Li Changsheng, Zhang Jian, Li Zhenxing. Granular Bainite Transformation of 20CrNi2MoV Steel in Hot Deformation Process\ [C]. The Ninth Pacific Rim International Conference on Advanced Materials and Processing (PRICM9), Kyoto, The Japan Institute of Metals and Materials, 2016: 462~465.

(4) Li Binzhou, Li Changsheng, Li Zhenxing, Dong Jingbo. Microstructure and mechanical properties of Fe-Cr-2Ni-Mo-V steel in carburizing process\ [J]. Procedia Manufacturing, 2018, 15: 1612~1618.

(5) Li Binzhou, Li Changsheng, Wang Yu, Jin Xin. Effect of Cryogenic Treatment on Microstructure and Wear Resistance of Carburized 20CrNi2MoV Steel \ [J]. Metals, 2018, 8 (10): 808.

(6) Li Binzhou, Li Changsheng, Jin Xin, Zhang Jian. Effect of M-A constituents formed in TMCP on toughness of 20CrNi2MoV steel\ [J]. Journal of Iron and Steel Research International, 2019, 26: 1340~1349.

(7) 李振兴, 李长生, 马永强, 李涛, 张建. 变形终止温度对 GCr15 轴承钢显微组织的影响\ [J]. 材料工程, 2015, 43 (10): 28~34.

(8) 李振兴, 李长生, 李忠之, 乔兵. 奥氏体化温度对 GCr15 轴承钢球化效果的影响\ [J]. 金属热处理, 2015, 40 (5): 61~65.

(9) Li Zhenxing, Li Changsheng, Li Binzhou, Ma Yongqiang, Li Tao. Effects of cooling process on microstructure and hardness for 1. 0C-1. 5Cr bearing steel\ [J \ ]. Materials Science and Technology, 2015, 31 (6): 722~729.

(10) Li Zhenxing, Li Changsheng, Zhang Jian, Qiao Bing, Li Zhongzhi. Effects of annealing on carbides size and distribution and cold formability of 1. 0C-1. 5Cr bearing steel\ [J]. Metallurgical and Materials Transactions A, 2015, 46A (7): 3220~3221.

(11) 张建, 李长生, 李彬周, 李振兴, 乔兵. 高速列车轴承用 20CrNi2Mo 钢热变形规律\ [J]. 节能, 2016 (1): 19~23.

(12) Li Zhenxing, Li Changsheng, Zhang Jian, Li Binzhou, Pang Xuedong.

Microstructure of hot rolled 1.0C-1.5Cr bearing steel and subsequent spheroidization annealing \ [J]. Metallurgical and Materials Transactions A, 2016, 47 (7): 3607~3621.

(13) Zhang Jian, Li Changsheng, Li Binzhou, Li Zhenxing, Pang Xuedong. Effect of Cooling Rate on Microstructure and Mechanical Properties of 20CrNi2MoV Steel \ [J]. Acta Metallurgica Sinica (English Letters), 2016, 29 (4): 353~359.

(14) Zhang Jian, Li Changsheng, Li Binzhou, Li Zhenxing. Effect of Cooling Procedure on Strength and Toughness of Hot Rolled 20CrNi2Mo Steel \ [C]. The Ninth Pacific Rim International Conference on Advanced Materials and Processing (PRICM9), Kyoto, The Japan Institute of Metals and Materials, 2016: 466~469.

(15) Li Zhenxing, Li Changsheng, Ren Jinyi, Li Binzhou, Zhang Jian, Ma Yongqiang. Effect of cold deformation on the microstructure and impact toughness during the austenitizing process of 1.0C-1.5Cr bearing steel \ [J]. Materials Science and Engineering A, 2016, 674: 262~269.

(16) Li Zhenxing, Li Changsheng, Zhang Jian, Li Binzhou. Effect of austenitizing process on microstructure and impact toughness of 1.0C-1.5Cr bearing steel \ [C]. The Ninth Pacific Rim International Conference on Advanced Materials and Processing, Kyoto, The Japan Institute of Metals and Materials, 2016: 449~452.

(17) 李凡，李长生，李振兴，刘相华．控轧控冷工艺对 GCr15 轴承钢球化效果的影响\ [J]. 热加工工艺，2017，46 (07): 132~134.

(18) 张建，李长生，李彬周，姜乐．20CrNi2MoV 钢连续冷却过程中的相变行为\ [J]. 辽宁科技大学学报，2017，40 (1): 60~66.

(19) Li Zhenxing, Li Changsheng, Kim SeongHoon, Suh DongWoo. Influence of Initial Pearlite Morphology on the Microstructure Evolution During Heat Treatment of 1.0C - 1.5Cr Steel \ [J]. Metals and Materials International, 2018.

(20) Zhang Jian, Li Changsheng, Li Binzhou, Wang Qiwen. Effect of Final Cooling Temperature on Microstructure and Mechanical Properties of a Cr-Ni-Mo-V Bainite Steel. Journal of Materials Engineering and Performance \ [J]. Journal of Materials Engineering and Performance, 2018, 27 (9): 4749~4759.

（21）Li Zhenxing，Li Changsheng，Ren Jinyi，Li Binzhou，Suh DongWoo. Design of online spheroidization process for 1.0C-1.5Cr bearing steel and microstructure analysis \ [J]. Metallurgical and Materials Transactions A，2018，49：1782～1794.

（22）Li Changsheng，Li Zhenxing，Ren Jinyi，Tu Xingyang，Li Binzhou. Microstructure and properties of 1.0C-1.5Cr bearing steel in processes of hot rolling，spheroidization，quenching，and tempering \ [J]. Steel Research International，2019，90（3）：1～10.

专利：

（1）李长生，李彬周，张建，李振兴，任津毅．一种 20CrNi2MoV 钢表面和心部组织的调控方法 \ [P]. 2015，中国，ZL201510920977. X.

（2）李长生，李振兴，张建，李彬周，任津毅．一种轴承钢的碳化物平均直径计算方法 \ [P]. 2015，中国，ZL201510889481. 0.

（3）李长生，李振兴，任津毅，李彬周．一种 GCr15 轴承钢的制备方法 \ [P]. 2019，中国，ZL201711276433. X.

科研获奖：

高质量模铸高碳铬轴承钢碳化物均质化关键技术的开发与应用. 中国钢铁工业协会中国金属学会冶金科学技术奖，三等奖，2019 年．

4. 项目完成人员

主要完成人员	职　称	单　位
李长生	教 授	东北大学 RAL 国家重点实验室
李彬周	博士	东北大学 RAL 国家重点实验室
张建	博士	东北大学 RAL 国家重点实验室
李振兴	博士	东北大学 RAL 国家重点实验室
任津毅	博士研究生	东北大学 RAL 国家重点实验室

5. 报告执笔人

李长生、任津毅、李彬周。

6. 致谢

本研究工作是课题组成员共同努力完成的，该研究工作完成过程中得到了东北大学、抚顺特殊钢有限公司、瓦房店轴承股份有限公司、铁道科学研究院等领导和技术专家的帮助与支持，在此深表感谢。

感谢国家 863 计划项目“重大装备用轴承钢关键技术开发”对该研究工作的资助。

最后，还要感谢实验室的老师：田浩、王佳夫、张维娜、薛文颖、吴红艳、冯莹莹、赵文柱，以及办公室张颖、李钊、沈馨、孟丽娟、王凤辉、赵宏壮等对该研究工作的长期帮助与支持。

目　录

摘　要

日本是最早发展高速铁路的国家，其高速列车轴承材料从早期的高碳铬轴承钢发展为渗碳钢，一直采用高洁净度和高强度路线，历经20多年的新干线高速运用实践，表现出极高的可靠性，且故障率很低。欧洲高速铁路轴承材料采用渗碳钢，特别强调韧性，采用的是高韧性基础上的高强度技术路线。日本和欧洲对高速列车轴承标准和技术条件在钢种水平、冶金质量及性能方面的要求逐渐形成共识，即采用洁净、细晶的低碳钢进行渗碳热处理是提高轴承服役寿命最为有效的方法。我国高速铁路发展迅猛，高速铁路轴承的服役环境相较于国外更为复杂，主要表现为运行时间长、温度变化大、钢轨质量影响复杂等，因而对高铁轴承用钢提出了更高的要求。目前国内铁路轴承多采用GCr15轴承钢（滚柱）和G20CrNi2MoA渗碳轴承钢（套圈），但制造的轴承仅适用于普通铁路列车，时速超过200km的高铁列车轴承全部依赖进口。针对时速200~250km高铁列车，自主研发高铁轴承钢工艺技术，实现轴承关键材料的国产化，具有十分重要的意义。国家863计划项目“重大装备用轴承钢关键技术开发”提出采用渗碳轴承钢作为轴承套圈，滚动体仍采用耐磨性较高的GCr15轴承钢的技术思路，采用纯净化和均质化先进冶炼技术、控轧控冷技术和渗碳热处理技术，以期获得性能优异的高铁轴承。

本研究报告的目的是系统介绍渗碳钢在不同阶段热处理过程中的组织演化行为，优化热处理工艺，进而实现对其组织和性能的控制，研究结果可为实现高铁轴承的国产化积累基础数据，内容主要包括以下几个方面：

（1）在原有铁路轴承用G20CrNi2MoA渗碳钢的基础上，通过成分优化，获得高铁轴承用20CrNi2MoV渗碳钢的成分范围。通过采用合理的冶炼、锻造、轧制工艺获得组织精细的实验钢。通过预处理获得组织均匀、硬度适宜的渗碳前材料。最后通过合理的渗碳工艺获得渗碳层，并对渗碳层特性进行检测。通过上述研究，能够为高铁轴承实际生产过程中预处理和渗碳工艺的优化提供基础数据。

(2) 采用相变仪对渗碳实验钢的渗碳层和心部进行相变行为研究，获得渗碳层和心部的相变温度以及 CCT 曲线，为实验钢渗碳后热处理工艺的制定提供理论依据。

(3) 研究渗碳实验钢在不同二次淬火温度和不同回火温度下渗碳层和心部组织性能的演变规律，通过合理匹配渗碳层和心部的组织及性能，确定合理的二次淬火+低温回火工艺制度。

(4) 在渗碳实验钢二次淬火和低温回火工艺之间添加深冷处理工艺，研究不同深冷处理温度对渗碳层和心部微观组织演变和力学性能的影响，优化渗碳后热处理工艺，提高实验钢渗碳层和心部的力学性能。

(5) 研究不同渗碳后热处理工艺下渗碳实验钢的磨损性能和接触疲劳性能，分析微观组织与磨损性能和接触疲劳性能之间的关系，揭示磨损失效机制以及疲劳破坏机制，为改善渗碳实验钢的耐磨性能和接触疲劳性能提供理论依据。

(6) 试制轴承套圈，装配成高铁轴承样品。对高铁轴承样品进行台架实验，考核轴承在实际运行载荷和速度下的热性能和耐久强化性能。

关键词：渗碳轴承钢；渗碳热处理；相变；深冷处理；碳化物；残余奥氏体；强韧性；耐磨性能；接触疲劳性能

1 绪 论

1.1 国外轴承钢的发展概况

轴承钢的发展起步较早，早在1856年，Bessemer[1]提出了酸性转炉炼钢法，为轴承钢的冶炼和规模化生产奠定了基础。世界轴承工业兴起于19世纪末期到20世纪初期，1883年德国建立了世界上首家轴承公司（FAG公司）。1900年左右，高碳铬钢开始应用于轴承工业，并逐步形成了经典的1.0C-1.5Cr轴承钢[2~8]。由于夹杂物会引起应力集中，进而损害轴承钢的疲劳性能，因此发达国家对轴承钢纯净度要求较高[9~14]。轴承钢自诞生以来，其发展历程始终伴随着冶炼技术的革新和突破[15~18]。

20世纪60年代，钢包滴流脱气法、真空脱气法（VD）以及真空循环脱气法（RH）等炉外精炼技术的出现和推广，使轴承钢的纯净度大幅度提高，氧的质量分数可控制在25×10^{-6}左右[19]。20世纪70年代，日本对钢包炉（LF）进行了改进，使其具备了加热的功能，显著提升了精炼效果，并将轴承钢中氧的质量分数降至20×10^{-6}以下。与此同时，瑞典SKF公司与ASEA电气公司共同开发了ASEA-SKF钢包精炼技术，并将此技术与双壳电炉配合使用，使轴承钢的纯净度进一步提高[20]。20世纪80年代后，以日本、瑞典以及德国为代表的发达国家，进一步对各种冶炼设备和炉外精炼工艺进行优化，例如扩大初炼炉的容量、偏心炉底出钢以及真空吸渣等，将轴承钢中氧的质量分数降到了10×10^{-6}左右。由于不断采用新技术，轴承钢的氧含量及其他有害元素含量不断下降，疲劳寿命不断提高。目前，国外轴承钢的冶炼工艺较为成熟，轴承钢的纯净度可维持在较高的水平，氧的质量分数可控制在5×10^{-6}左右。瑞典SKF公司和日本山阳特殊钢公司生产的轴承钢产品质量较好，代表了当今轴承钢生产企业的最高水平。上述两家公司生产的轴承钢纯净度极高，氧的质量分数可控制在 3×10^{-6}左右[21,22]。

目前，轴承钢的冶炼流程主要分为两种：一种流程为电弧炉炼钢和炉外精炼；另一种流程为高炉炼铁、转炉炼钢和炉外精炼。除了这两种常见的冶炼方式外，一些特殊领域的轴承钢还采用特种冶炼的方式，包括真空感应熔炼（VIM）、电渣重熔（ESR）和真空自耗重熔（VAR）等。这些特种冶炼方式在保证纯净度的前提下，可有效细化轴承钢中非金属夹杂物的尺寸，进而提高轴承的可靠性。但由于成本较高，这些方法只适用于航空航天、高速铁路以及盾构机等特殊领域的轴承钢。与普通冶炼方式相比，电渣重熔后轴承钢的氧含量略高，但由于夹杂物的尺寸较小，并且组织较为致密，电渣重熔后轴承钢的疲劳性能仍然有所改善[23]；真空感应熔炼可获得纯净度较高的轴承钢，但单独采用该方法时，轴承钢中会偶然混入外来的夹杂物，影响产品质量的稳定性。目前，真空感应熔炼常与真空自耗重熔或电渣重熔配合使用。

1.2 国内轴承钢发展概况

与国外相比，我国工业基础相对薄弱，轴承钢的发展起步较晚。20 世纪 50 年代，我国制订了高碳铬轴承钢的相关标准，此时大部分轴承钢仍需进口[24]。20 世纪 60 年代，我国开始具备高温轴承钢、不锈轴承钢以及渗碳轴承钢等特殊用途轴承钢的生产能力。20 世纪 80 年代，炉外精炼技术在我国得到推广，但各企业的冶炼工艺相对落后，生产质量不稳定[25]。20 世纪 90 年代初，轴承钢的连铸技术在我国开始应用，此时轴承钢的年产量达到 60 万吨左右，与日本轴承钢的年产量相当[26]。2000 年后，我国轴承钢的冶炼工艺日趋成熟，氧的质量分数可控制在 8×10^{-6}左右。经过 60 年的发展，我国轴承钢的年产量已超过 300 万吨，稳居世界第一位，轴承钢的冶炼水平和冶金质量与国外先进水平接轨。国内生产的轴承钢氧含量可控制在 6×10^{-6}左右，其中兴澄特钢生产的轴承钢中氧含量最低，已接近国外先进国家的轴承钢水平。

客观来讲，近些年国内在轴承钢方面做了很多工作，建立了合理的轴承钢生产流程，在氧含量、夹杂物和碳化物控制等方面都有很大的进展，满足了经济发展的需求。在轴承钢超高纯净度控制和品种开发方面加大了研发力度，缩小了与国外先进轴承钢生产企业的差距。但是，在产品质量的稳定性和一致性方面与国外先进企业还有差距，存在成分控制不稳定、氧含量偏高、洁净度偏低、碳偏析严重和带状组织波动大等共性问题，这些都需要对冶炼工艺、热加工和热处理工艺不断完善优化。

1.3 轴承钢钢种的发展

1976年，国际标准化组织（ISO）将轴承钢分为表面硬化性轴承钢、不锈耐蚀轴承钢、高碳铬轴承钢和高温轴承钢四大类共17个钢号。目前，我国轴承钢的种类主要有以下几种[27]：

（1）高碳铬轴承钢。高碳铬轴承钢是轴承钢的代表钢种，从1901年诞生至今100多年来，其主要成分基本没有改变。随着轴承尺寸的增加，为满足淬透性的要求，提高了轴承钢中的Si、Mn和Mo等合金元素的含量，形成了Cr-Mn系轴承钢、Cr-Mn-Mo系轴承钢以及Cr-Si-Al系轴承钢[28~30]。

（2）渗碳轴承钢。渗碳轴承钢是优质的低碳或中碳合金钢，具有易切削、冷加工性能好、耐冲击、渗碳后耐磨、疲劳寿命高等特点[31]。采用渗碳轴承钢制造的轴承，除表面具有高的硬度、高的耐磨性、高的疲劳强度和良好的尺寸稳定性外，轴承心部还具有高的韧性。轴承钢经渗碳热处理后表面形成残余压应力，有利于提高轴承寿命及冲击性能，但是渗碳工艺相对复杂。为了达到好的渗碳效果，轴承钢一般要在900℃以上保温较长时间，容易导致晶粒长大和力学性能降低，因此渗碳钢中均添加Cr、Ni、Mo、Mn等合金元素。Ni和Mo的加入可以提高钢的韧性，添加微量的V和Nb等元素，可以使细小的氮化物和碳化物析出，阻止晶粒的长大[32]。渗碳轴承钢中加入的Si和Mn主要起复合作用，可以显著提高渗碳层抗回火稳定性，Mn还对渗碳性能有显著影响。Ni的加入可以提高钢的淬透性和韧性，但会减慢渗碳速度。Mo的加入不仅能提高淬透性和韧性，还能提高钢的耐磨性和渗碳性能。Cr可以提高淬透性，同时也能增加渗碳层耐磨性和改善钢的力学性能。渗碳轴承钢的典型钢种有G20CrMo、G20CrNiMo、G20CrNi2Mo、G10CrNi3Mo、G20Cr2Ni4A和G20Cr2Mn2MoA等。与高碳铬轴承钢相比，渗碳轴承钢有较好的心部冲击韧性，非常适合制造承受较大冲击载荷的铁路轴承[33~36]。

（3）中碳轴承钢。对于承受较大冲击载荷的轴承，除了选用渗碳轴承钢，还可以选用中碳轴承钢。中碳轴承钢主要是中碳合金钢，用于制造在耐冲击、耐振动条件下工作的轴承，包括掘进机及重型机床等设备上的特大型轴承[37]。中碳合金钢包括40Cr、50Mn、65Mn等，高品质中碳合金钢还包括42CrMo、40CrNiMo、40CrMnMo等，均可用于制造轴承套圈。对于Cr-Mo系中碳钢，Cr可以提高钢的淬透性、耐蚀性、强度、弹性极限和屈服极限，并有二次硬化作用，同时Cr还可以增加钢的硬度和耐磨性，而不使钢变脆，使调质后的轴承钢具有良好的韧性。Mo元素存在于钢中的固溶体相和碳化物中，可以细化轴承钢的晶粒，提高其淬透性和热强性，防止回火脆性，增加抗氢蚀的作用，同时Mo元素能使较大断面的零件淬深、淬透，提高钢的回火稳定性，从而有效降低残余应力，提高塑性[38]。在大型轴承钢中，Cr、Mo元素的合理配合，能够获得表面淬火后的高硬度及心部的强韧性，可使大尺寸的轴承套圈具有良好的综合力学性能，是大型轴承套圈用钢的理想材料[39]。

（4）不锈轴承钢。不锈轴承钢的诞生是为适应化工、石油、造船和食品工业等的发展需求。不锈轴承钢主要有奥氏体不锈钢、中高碳马氏体不锈钢和沉淀硬化型不锈钢等[40~43]。为了满足轴承硬度和表面精度的要求，常采用马氏体不锈钢。目前，国内外制造的耐蚀轴承主要采用高碳铬不锈轴承钢9Cr18。但是由于9Cr18中的碳含量（0.9%~1.0%）和铬含量（17%~19%）较高，致使冶炼过程中会形成粗大的共晶碳化物，这种缺陷无法在后续的热处理过程中消除，进而使钢性能急剧下降[44~46]，因此，提高不锈轴承钢使用寿命和力学性能的关键，就在于如何减少甚至消除这些粗大的共晶碳化物，这就必须通过添加合金元素，如Nb、V、Ni、Mo等，以及热处理工艺的改善来实现。为改善不锈轴承钢的碳化物，目前国内外都在研究新型不锈轴承钢。美国在20世纪90年代初研制出一种低碳低铬的DD440C新型不锈轴承钢，其钢中的碳化物尺寸比较细小，接触疲劳寿命也较高。日本也研制出类似的不锈轴承钢种，并且已在轴承产品中应用，取得了明显的效果[47]。

（5）高温轴承钢。由于航天工业的飞速发展，轴承的工作温度也越来越高。高碳铬轴承钢的最高工作温度仅为250℃，温度继续升高，轴承滚动体和套圈元件的硬度将会降到HRC 58以下，轴承部件会因为压痕的产生而无法正常运转。目前我国使用的高温轴承钢主要有9Cr18Mo、Cr4Mo4V、Cr14Mo4、W6Mo5Cr4V2、W9Cr4V2Mo、W18Cr4V和W12Cr4V5Co5，其中

Cr4Mo4V 的使用最为广泛[48~51]。上述材料实际工作中最高使用温度从 260℃到 590℃不等。

以上是国内外轴承钢的种类、性能特点及用途。近 10 年来，欧美和日本等国家相继开发了多种新型轴承钢，简介如下：

（1）等向性轴承钢（IQ-steel）[52]。瑞典 OVAKO 生产的一种各向同性轴承钢，具有夹杂物超细、氧含量极低和均匀分布的特点。

（2）超高纯轴承钢（EP-steel）[53]。日本 Sanyo 生产的一种超纯净脱气轴承钢，氧含量为 5×10^{-6}，夹杂最大直径不大于 13μm，用于制造高安全和长寿命的轴承。

（3）高强不锈轴承钢（CSS-42L）[54]。美国近 10 年开发出的第三代轴承钢，用于航空发动机主轴轴承，耐温达到 500℃。

（4）超耐蚀轴承钢（Cronidur30）[55]。欧洲开发的一种含氮轴承钢，比 9Cr18Mo 耐蚀性强 100 倍，用于液氧发动机和其他高耐蚀场所。

（5）空冷硬化轴承钢（677Q）[56]。瑞典 OVAKO 开发的一种全淬透亚共析轴承钢，用于大型和特大型轴承，具有高硬度和高耐磨性。

（6）中碳表面硬化钢（SHX）[57]。日本 Sanyo 生产的一种表面硬化型轴承钢 42CrNiMo，具有高的表面硬度，用于高速机床主轴轴承。

尽管我国已经建立起了较为全面的轴承钢体系，但是与世界先进国家相比，我国仅有各类轴承钢 10 余种，品种不全，没有形成完整的高碳铬轴承钢系列和渗碳轴承钢系列，缺乏制造高性能轴承的轴承钢种。轴承选材时，性能与成本往往无法兼顾，导致资源消耗大、制造成本高、轴承性能差和质量水平低。

1.4 轴承失效形式及高铁轴承用钢的性能要求

1.4.1 滚动轴承服役条件及失效形式

滚动轴承在服役过程中，轴承套圈和滚动体一方面要承受很高的接触应力，另一方面相对滚动的表面还伴随着滑动。滚动体和滚道在外加载荷的作用下，其点、线接触产生接触变形，进而形成接触面。由于载荷的作用面积很小，而且压力又在接触面上分布不均匀，这样滚动体在滚道上的滚动必然伴随着滑动和滑动磨损，压应力对滚道和滚动体的反复作用使轴承旋转精度降低，工作表面接触疲劳产生剥落，轴承振动和噪声状况急剧恶化，最终使轴承丧失正常工作性能，这种情况称为轴承失效[58, 59]。

滚动轴承失效的影响因素很复杂，产生的失效形式和形貌特征亦各不相同。一般按其损伤机理大致可分为以下几种基本形式[60]：

（1）接触疲劳失效。接触疲劳失效是滚动轴承最常见的失效形式之一，是轴承表面受到持续交变应力作用产生的失效。滚动轴承运转时，滚动体在轴承内外圈的滚道之间滚动，其接触部分承受周期性交变载荷，多者每分钟可达数十万次，在周期性交变应力的反复作用下，接触表面出现疲劳剥落，从而引起轴承的振动、噪声增大，使得工作温度急剧上升，最终导致轴承损坏，这种破坏形式称为接触疲劳破坏。

接触疲劳剥落在轴承表面也有疲劳裂纹萌生、扩展和断裂的过程。初始的接触疲劳裂纹首先从接触表面以下最大正交切应力处产生，然后扩展到表面形成剥落，如麻点状的称为点蚀或麻点剥落，剥落成小片状的称浅层剥落。初始裂纹在硬化层与心部交界区产生，造成硬化层的早期剥落称为硬化层剥落[61]。

（2）磨损失效。持续的磨损使零件尺寸和形状变化，轴承配合游隙增大，工作表面形貌变坏从而丧失旋转精度，使轴承不能正常工作，称为轴承的磨损失效。磨损失效也是各类轴承表面最常见的失效形式之一。按磨损形式可分为磨粒磨损、黏着磨损、腐蚀磨损、微动磨损和疲劳磨损等，其中最常见的为磨粒磨损和黏着磨损[62]。轴承零件摩擦面之间挤入外来硬颗粒或金属表面的磨屑，引起摩擦面磨损的现象称为磨粒磨损，它常在轴承表面造成犁沟式的擦伤。黏着磨损的产生主要是由摩擦表面的显微突起或摩擦异物使摩擦面受力不均，局部产生摩擦热，摩擦表面温度升高，造成润滑油膜破裂，接触点产生黏着、撕脱、再黏着的循环过程。

（3）断裂失效。轴承断裂将会造成突发性失效事故，轴承断裂的主要原因是过载和内部缺陷两大因素[63]。由于外加载荷超过轴承材料强度极限造成的轴承零件断裂称为过载断裂。过载的原因可能是主机故障，也可能是轴承的结构或安装不合理。另外，轴承零件内部存在着微裂纹、缩孔、气泡和大块外来夹杂物等缺陷，在正常载荷作用下，也会在缺陷处引起断裂，称为缺陷断裂。轴承套圈和滚动体在锻造、热处理和磨削加工过程中产生的过热、过烧、局部烧伤和表面裂纹都有可能引起轴承的断裂失效[64,65]。

（4）塑性变形失效。在外力和环境温度作用下，轴承零件表面局部塑性流动或整体变形，致使轴承不能正常工作造成的失效称为变形失效。例如保持架翘曲、歪扭、兜孔拉长或框形保持架变形、靠套等都会造成轴承的失效。

（5）腐蚀失效。轴承零件金属表面同环境介质发生化学或电化学反应，造成的表面损伤和轴承的失效称为腐蚀失效。能对轴承零件表面起化学作用的环境介质有大气、湿气、燃料和润滑油的氧化产物（酸类、酮类、乙醇等）以及氧化产物的蒸气等。

（6）游隙变化失效。轴承在工作过程中，受外界或内在因素变化的影响，改变原有的配合间隙，使精度降低，甚至造成咬死的现象，称为游隙变化失效。轴承零件中的残余奥氏体组织和应力如果处于不稳定状态，随着时间的延长其尺寸会产生变化，使轴承丧失运转精度。由于轴承零件的尺寸与形状不同，膨胀系数或膨胀量不同，在超常温下工作时也会造成轴承工作游隙变化，从而失去运转精度造成早期失效。

1.4.2 高铁轴承钢的质量和性能要求

高铁轴承主要是在高速重载运动状态下工作，服役条件极为恶劣，我国高铁动车组轴箱轴承均采用双列圆锥滚子轴承，其基本结构形式如图 1-1 所示。由图可以看出轴承主要由内圈、外圈、滚动体和保持架等四部分构成。轴承的内外圈及滚动体的材料主要为轴承钢。

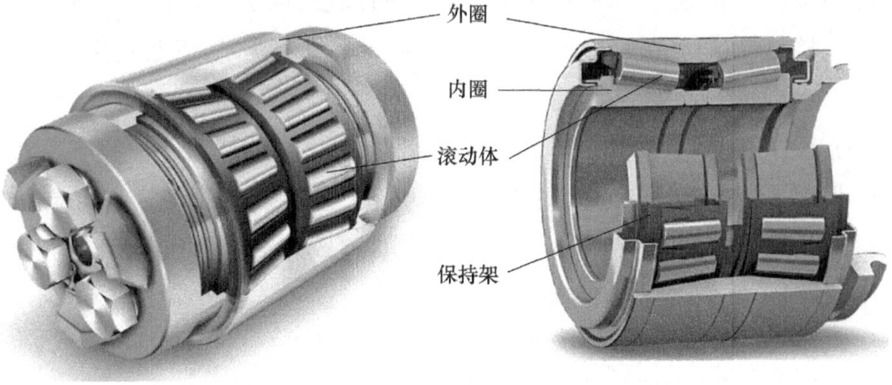

图 1-1　高速铁路列车用双列圆锥滚子轴承示意图

通过以上分析可以看出，滚动轴承失效形式多样，影响因素也众多，所有设计制造过程的影响因素都可能与轴承的失效有关。在一般情况下可以从外来因素和内在因素两方面考虑和分析轴承失效的原因。外来因素主要是指安装调整、使用保养及维护修理等是否符合技术要求；内在因素主要是指设计、制造工艺和材料质量等决定轴承质量的三大要素。轴承钢的质量和性能是滚动轴承失效的主要影响因素，因此对轴承钢的性能和质量要求极为严格。高铁轴承的结构特点和工作条件要求轴承用钢具备更高的质量和性能要求，具体如下：

（1）高的冶金质量。氧含量要低于 10×10^{-6}；Ca 含量低于 10×10^{-6}；夹杂物 B 细≤1.5 级，B 粗≤0.5 级，D 细≤1.0 级，D 粗≤0.5 级，DS≤1.0 级；带状组织等级≤1.5 级。

（2）高的接触疲劳强度。轴承的破坏形式以接触疲劳为主，因此轴承钢要具有高的接触疲劳强度。高铁轴承用钢接触疲劳寿命在 4000MPa 循环次数要达到 10^9，循环次数 10^7 下弯曲疲劳极限强度要大于 900MPa。

（3）高的耐磨性。滚动轴承正常工作时伴随有滚动摩擦和滑动摩擦。发生滑动摩擦的主要部位是滚动体与滚道之间的接触面、滚动体和保持架兜孔之间的接触面、保持架和套圈引导挡边之间以及滚子端面与套圈引导挡边之间等。滑动摩擦的存在使得轴承零件不可避免会产生磨损。如果轴承钢的耐磨性差，滚动轴承便会因磨损而过早地丧失精度，或者会由于旋转精度下降使轴承振动增加、寿命降低。因此，高铁轴承用渗碳钢要具有较高的耐磨性能。

（4）高的弹性极限。轴承在承受载荷较大的情况下，由于滚动体与套圈滚道之间接触面积很小，从而使接触表面的接触压力急剧增大。因此，为了防止因高接触应力存在引发塑性变形，使轴承精度降低甚至发生表面裂纹，要求轴承钢应具有高的弹性极限。

（5）适宜的硬度。滚动轴承的重要指标之一便是其硬度值，它与材料接触疲劳强度、耐磨性、弹性极限有着密切的关系，直接影响着滚动轴承的寿命。轴承的硬度通常要根据轴承承受载荷的方式和大小、轴承尺寸和壁厚的总体情况决定。滚动轴承用钢的硬度要适宜，过大或过小都将影响轴承使用寿命。高铁轴承用渗碳钢及部件表面硬度要求不低于 820HV。

（6）心部高强度和高韧性。高铁轴承服役过程中会承受较大冲击载荷，因此，要求轴承钢具有一定的韧性，以保证轴承不因冲击而破坏。采用渗碳轴承钢的初衷就是在保证高硬度和耐磨性表面的同时，使心部具有高强韧性和高硬度。一般要求心部屈服强度不小于 1100MPa，抗拉强度不小于 1300MPa，室温冲击功 $A_{KV}\geqslant 75J$，室温断裂韧性 $K_{Ic}\geqslant 80MPa\cdot m^{1/2}$。

1.5 渗碳轴承钢热处理工艺的研究现状

轴承套圈的生产工艺流程是首先进行锻造成形，然后进行预处理，为精车加工提供硬度适宜的半成品，精车加工后在连续渗碳炉中进行表面渗碳，渗碳后出炉进行渗碳后热处理[66, 67]。锻造过程是为了成形，而渗碳及渗碳后的热处理才会使轴承钢组织和性能发生根本变化，因此轴承钢的渗碳热处理过程对轴承的性能具有重要的作用。渗碳轴承钢制造轴承套圈过程中的热处理工艺主要包括以下几种。

1.5.1 预处理

经锻造、扩孔和整形制得的渗碳轴承毛坯套圈，为了调节其硬度便于车削加工，同时也为了改善锻造组织缺陷（如带状组织、魏氏组织、粗大晶粒等），为渗碳及最终热处理做组织准备，必须进行锻后热处理。因为车削加工后还要进行渗碳淬火、二次淬火和回火等最终热处理，所以锻造后的热处理称为预处理。

锻件的预处理不仅要求硬度在一个适宜的范围内以保证钢件切削加工时易断屑、表面光洁，而且要求获得带状组织较轻、均匀细小的显微组织，以稳定渗碳淬火后的变形。为了探寻合适的预处理工艺及优化工艺参数，众多学者对预处理工艺进行了研究和比较[68~71]。目前主要应用的预处理工艺有以下几种：

（1）普通正火工艺。正火是将钢材或钢件加热到临界点 A_{c3} 以上的适当温度，保持一定时间后在空气中冷却，得到珠光体类组织的热处理工艺。正火是渗碳钢锻件预处理的主要手段，因其设备、工艺要求简单，能耗少，一直被广泛采用。但是在生产实际中，由于不能控制正火的冷却速度，因此无法控制过冷奥氏体相变，相变在一个温度区间内连续进行。因而获得的显微组织和硬度也可能不同，有些钢件由于冷却速度较大，有可能局部甚至全部获得非平衡组织（魏氏组织、贝氏体等），不仅影响切削加工性能，而且也会改变钢件渗碳淬火后的变形规律，使钢件变形过大而报废。

（2）正火+高温回火。正火加高温回火工艺是在普通正火的基础上增加高温回火工序，回火温度为650℃，通过高温回火可以消除正火后锻造毛坯的热应力，使组织和硬度更趋均匀。

虽然高温回火可以使马氏体/奥氏体岛状结构分解而降低硬度，但由于碳化物的球化、钢的韧塑性增大而使切削加工性能降低，而且也不利于稳定渗碳淬火后变形规律。

（3）等温正火。等温正火是先将轴承钢锻件加热至奥氏体化后，迅速冷却到 A_1 以下的珠光体相变温度等温，在此相变温度下保温一定时间使其完成（α+P）或P相变，而后出炉空冷。等温正火工艺过程特点是能够有效地控制冷却时的相变，使相变在等温温度下进行，避免出现带状组织超差以及非平衡组织（α-Fe魏氏体组织、贝氏体组织、马氏体组织），达到为切削加工及渗碳淬火做组织和性能准备的目的。

（4）锻造余热等温正火。锻造余热等温正火是轴承钢锻造后迅速冷却到 A_1 以下的珠光体相变温度等温，在此相变温度下保温一定时间使其完成（α+P）或P相变，随后出炉空冷。此工艺过程与等温正火工艺相比，两种工艺过程都可获得最佳的显微组织和硬度，而且在生产中容易控制，并且锻造余热等温正火可节约大量能源，产生巨大的经济效益。但是相同等温温度时，等温正火获得的组织比锻造余热等温正火获得的组织更细，锻造余热等温正火得到的无论是铁素体还是贝氏体，都较粗大，这种粗大的正火组织能否满足后续表面淬火后的组织性能要求有待于进一步研究。

（5）高温回火。高温回火的回火温度一般是500~650℃，此温度低于渗碳后淬火温度。但是只通过高温回火，不能够消除或改善锻造组织缺陷（如带状组织、魏氏组织、粗大晶粒等），后期的渗碳及淬火后会有组织遗传现象，使成品有组织缺陷。陆大启等研究了G20CrNi2MoA渗碳轴承钢套圈锻件采用空冷、正火+高温回火、高温回火、普通退火、等温退火等不同预处理，对渗碳热处理后的表面和心部组织、力学性能、变形、晶粒度、表面含碳量及渗碳层深度的影响，证实预处理效果并不明显。认为锻件的预处理应以降低硬度、改善车削加工性能为主，可不经正火而直接采用高温回火等处理，以简化工艺，减少加热设备，节约能源消耗。

1.5.2 渗碳

钢的渗碳是指将低碳钢或低碳合金钢零件在增碳的活性介质中加热和保温，使活性碳原子渗入材料表面的过程。材料表层的含碳量一般控制在1.0%左右，心部含碳量在0.20%左右，经淬火和低温回火后，从表至里依次获得高碳、中碳和低碳的回火马氏体组织，因此材料经渗碳处理后可获得较高的表面硬度、接触疲劳强度而心部仍保持良好的冲击韧性。对于承受重载、耐磨、冲击和复杂应力的构件，渗碳仍然是最为有效的方法，所以渗碳在机械制造业中的应用越来越广泛和普遍，已经成为钢件表面强化最主要的方式之一[72~75]。

渗碳可分为三个阶段：首先渗剂中形成CO、CH_4等渗碳组分；然后供碳组分传递到钢铁表面，在工件表面吸附、反应，产生活性碳原子渗入钢铁表面，CO_2和H_2O离开工件表面；最后渗入工件表面的碳原子向内部扩散，形成一定碳浓度梯度的渗碳层。渗碳层深度主要受渗碳温度、渗碳时间及碳势的影响。随着渗碳温度升高，碳在钢中的扩散系数呈指数上升，渗碳速度加快，但是渗碳温度过高会造成晶粒长大，工件畸变增大，设备寿命降低等负面效应。所以渗碳温度一般控制在900~950℃。渗碳时间与渗碳深度呈平方根关系。渗碳时间越短，生产效率越高，能耗越低，但是对于浅层渗碳而言，渗碳时间太短，渗碳深度控制难以准确。应通过调整渗碳温度、碳势来延长渗碳时间，以便精确控制渗碳层深度。介质碳势越高，渗碳速度越快，但是渗层碳浓度梯度越陡。碳势过高还会造成工件表面积碳。气体渗碳中常采用强渗碳弱扩散的方式解决这一矛盾[76,77]。

渗碳工艺的发展趋势是可控气氛的气体渗碳、渗碳设备高度机械化和自动化、渗碳温度和渗碳气氛能够精确控制。这样可以更科学合理地根据不同钢种和需求调整渗碳工艺参数，获得所需要的产品质量[78,79]。此外，采用高温真空渗碳，能够获得较好的渗层组织和表面质量，提高生产效率，改善劳动条件，但是对渗碳设备要求较高[80]。

1.5.3 渗碳后热处理

为了使渗碳工件具有较高的力学性能，渗碳后应进行正确的热处理，以获得合适的显微组织。一般认为渗碳层组织应为细针状或隐晶马氏体，碳化物呈细颗粒状弥散均匀分布，不得呈网状，渗层中残余奥氏体量应在允许范围之内；心部应为板条状马氏体和细小的碳化物，不允许有大块铁素体存在。目前常用的渗碳后热处理工艺路线如图 1-2 所示[81~90]。

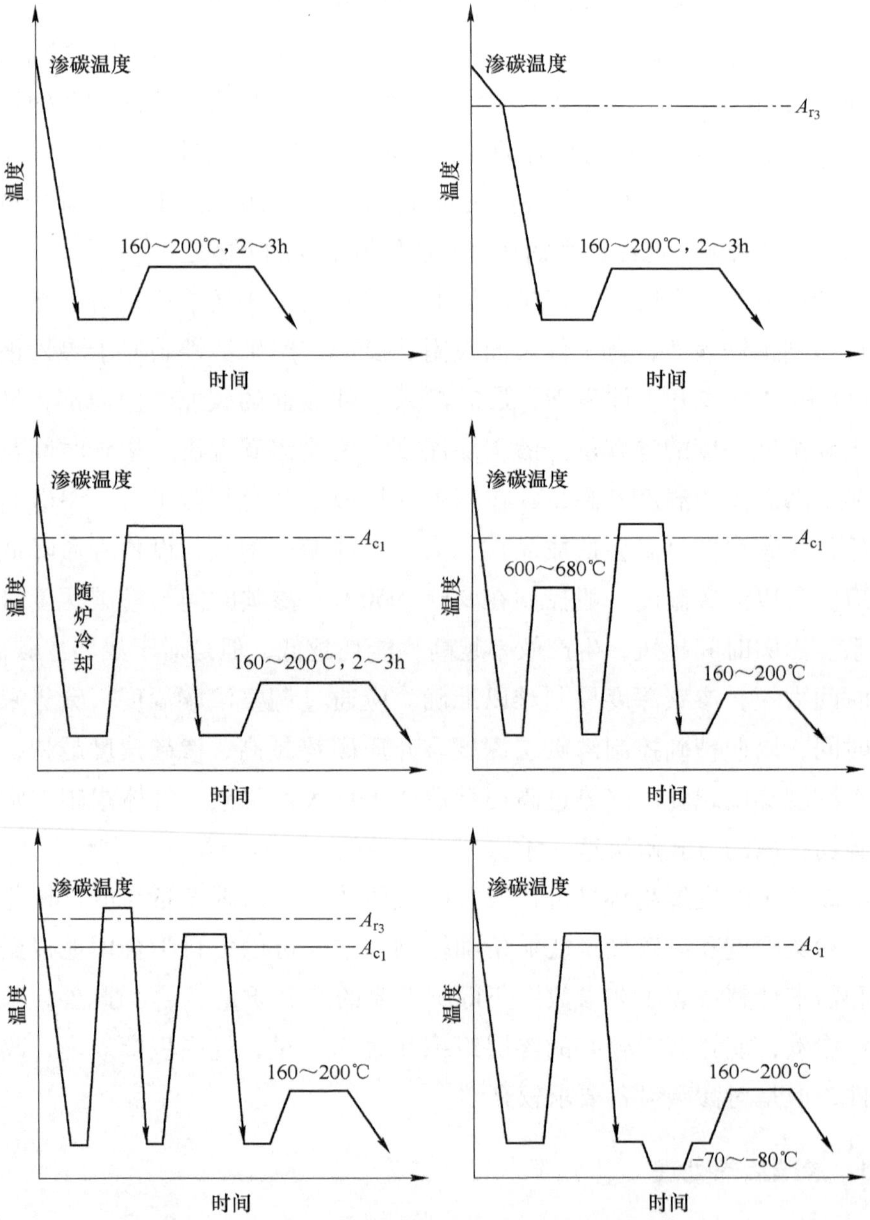

图 1-2 常用的渗碳后热处理工艺路线

1.6 深冷处理

所谓深冷处理是指把材料（或工件）置于一定的低温环境下，通过控制升降温速率、处理温度及保温时间等工艺参数来对材料进行处理，这种处理能够使材料的微观组织发生不同程度的不可逆转变，从而当材料回到室温后改善其宏观性能[91, 92]。近年来，随着低温技术的不断发展，深冷处理的应用不断渗透到国民经济的各个领域，包括天然气液化、核聚变、超导、氢能利用、航空航天、生物医疗、食品工业等，与此同时深冷处理在金属材料行业以及高端机械制造领域的应用也日益受到重视，材料深冷处理改性技术也成为各国学者和材料生产加工行业关注的焦点[93]。

1.6.1 深冷处理的研究现状

深冷处理是在热处理的基础上发展起来的一种材料补充处理手段。从上节分析可知，淬火和回火是材料强化的重要手段，在工业生产中应用十分广泛。目前工业生产中，金属材料的淬火工艺主要是将工件加热到材料的 A_{c3} 或 A_{c1} 以上 30~50℃，保温一定时间后，快速在水、盐水、油或气氛中冷却。这些淬火介质的淬冷能力虽然都很强，但是由于先转变的奥氏体对未转变的奥氏体的转变具有抑制作用，只有进一步增加相变驱动力，即增加过冷度才能使相变继续进行，所以对于大多数的铁碳合金，淬火后总是存在一部分残余奥氏体，即使冷却到马氏体转变终止温度（M_f）点，仍不能得到 100% 马氏体。若残余奥氏体含量过大，将会直接影响回火处理的质量，达不到工件要求的性能。面心立方结构的残余奥氏体具有硬度和强度低、塑性好以及不稳定等特点，因此，残余奥氏体的存在会降低材料的硬度、强度、耐磨性，而且在使用过程中随着时间的延长会转变成马氏体，由于两种相的容积比不同，转变过程中会引起工件宏观体积的变化，从而导致工件的尺寸不稳定，因此，为了尽量减少残余奥氏体含量获得最大数量的马氏体，提高工件的性能及使用寿命，最直接的办法就是将淬冷至室温的材料继续冷却到更低的温度，继续提供过冷度来使残余奥氏体转变为马氏体。这样可进一步提高钢的硬度和耐磨性，并稳定钢件的尺寸，这是深冷处理技术产生的最初动机。

早在 100 多年以前，瑞士的钟表制造者们发现把钟表的关键零部件埋到寒冷的阿尔卑斯雪山中，能够有效提高零部件的使用寿命和精度。但由于当时低温技术的限制，未能展开深入的研究和广泛的应用，20 世纪 80 年代初，路易斯安那大学的教授对工具钢开展了深冷处理研究，发现深冷处理后耐磨性有明显的提高。随后，深冷处理在美国逐渐实现了工业化，成立了若干个专业的深冷处理服务企业，其他国家也相继开展相关的试验和应用研究。中国在深冷处理方面的研究和应用起步较晚。随着科技的进步，工业水平的不断提高，一方面，对于各种高精密、高可靠性、长寿命仪器设备的需求与日俱增；另一方面，各种机械装备、仪器仪表的生产周期明显缩短，这就需要对生产加工的各个环节进行技术改进。深冷处理作为一种先进的处理手段，能够通过改善材料的性能从根本上提高产品的质量以及使用寿命。

1.6.2 深冷处理对性能的影响

零部件的耐磨性能对机械设备性能及寿命影响非常大。在实际生产过程中提高零部件耐磨性最为传统的方法是表面处理（渗碳、渗氮、电镀、激光熔覆等），而深冷处理提高钢铁材料耐磨性能最为显著。美国在 20 世纪 50 年代末就已经开始研究深冷处理对金属性能的影响，20 世纪 70 年代初至 80 年代末，路易斯安那理工大学的 Barron[94] 教授开展了深冷处理研究工作并通过实验证明了深冷处理提高耐磨性能的效果。他首先研究了深冷处理对车刀耐磨性的影响，肯定了深冷处理的有效性及生产过程中的实际应用价值；随后又针对 12 种工具钢、3 种不锈钢、4 种碳素钢和铸钢进行了深冷处理研究，结果表明，工具钢深冷处理后耐磨性提高了 2.0~6.6 倍。最初对于深冷处理的研究大多都集中在提高工模具钢的耐磨性和使用寿命上，并取得了很好的效果；20 世纪 90 年代初，深冷处理开始引起广泛的重视，大量研究表明，钢铁材料尤其是工具钢采用深冷处理能够有效提高耐磨性并延长使用寿命[95~99]。

尽管国内外学者在深冷处理改善耐磨性方面做了大量的工作，然而不同的材料或者相同材料不同的处理工艺，深冷处理提高耐磨性的效果并不相同，说明对于不同材料的深冷处理最佳工艺还没能达成普遍的共识。大多数学者认为深冷处理应置于淬火后回火前进行，然而 Molinari[100] 认为，对于 M2 高速钢来说淬火后回火前深冷基本上没有任何改善，而淬火回火以后深冷耐磨性能够明显提高。此外，大多数学者认为淬火后应该尽快（1h 以内）进行深冷处理，以便残余奥氏体尽可能多地转化为马氏体，但 Akhbarizadeh[101] 认为淬火后在室温下放置一周以后深冷处理更有利于残余奥氏体的转变，深冷处理效果更好。为了有力地推动深冷处理技术的产业化应用，对于深冷处理的最佳效果应进行的实验探索和应用积累，从而针对特定的材料形成标准化的处理方法。

除了改善耐磨性外，深冷处理对材料强度、塑性、韧性以及疲劳等机械性能的改善也是各国学者关注的方向[102~104]，但是深冷处理对钢铁材料机械性能的改善效果远不如对耐磨性的改善效果明显，从而对其重视程度相对较弱。值得肯定的是深冷处理使残余奥氏体转变为马氏体，能够提高材料强度。一般情况下，深冷处理在提高钢铁材料耐磨性的同时对材料的强度会有一定的改善，至少不会出现明显下降的情况，且对塑性的影响相对较小，但在韧性方面仍存在争议，目前未能达成共识。部分学者认为深冷处理使残余奥氏体转变为马氏体使韧性降低，而更多实验结果表明深冷处理能够提高材料的韧性[105~107]。

深冷处理对尺寸稳定性有显著提高。所谓尺寸稳定性是指材料在热处理与加工完毕后，在工作环境条件下不受外力作用或在低于弹性极限的应力作用下抵抗永久变形的能力，以及在加工过程中保持尺寸不变的能力。一般认为，金属材料尺寸的自发变化受以下两个因素影响[108~111]：一是材料组织中相的不稳定性；二是在各种热加工与冷加工工艺过程中以及在机械装配操作时，零件中的残余内应力的松弛。早在 20 世纪 50 年代后半期，国外就开始应用深冷处理与热处理相结合的方法改善金属材料及构件的尺寸稳定性并取得了良好的效果。钢铁材料中的残余奥氏体属于亚稳态相，其转变为马氏体会产生体积的变化，从而导致尺寸不稳定。深冷处理一方面通过使残余奥氏体分解来稳定组织，另一方面降低材料残余应力来改善材料的尺寸稳定性。因此，在轴承钢、合金钢、渗碳钢以及工具钢方面都有相关的研究报道指出，采用深冷处理可以降低材料内部残余应力，从而提高材料尺寸稳定性。

1.6.3 深冷处理的作用机理

关于深冷处理的作用机理，国内外已开展了大量较为广泛和深入的研究，且已基本取得共识，主要观点如下：

（1）残余奥氏体的改变。深冷处理能够改变残余奥氏体的含量、形状、分布和亚结构，经深冷处理后的残余奥氏体处于等轴压应力状态，不会引起塑性变形，是相当稳定的组织，在使用过程中以韧性相出现，能够起到缓和应力、防止疲劳裂纹扩展的作用[112,113]。深冷处理促进残余奥氏体转变为马氏体，能够提高工件的硬度和强度。

在深冷处理过程中，残余奥氏体的量受两个因素制约：一是深冷处理前组织中奥氏体含量；二是材料的马氏体开始转变点 M_s 和马氏体转变结束点 M_f，马氏体开始转变点 M_s 主要取决于钢的化学成分，其中又以碳含量的影响最为显著。有学者认为深冷可完全消除残余奥氏体，也有学者发现深冷只能在一定程度上降低残余奥氏体的含量，但不能完全消除[114]。

（2）从马氏体中析出超细碳化物。一方面，马氏体组织经深冷处理后，由于体积收缩，铁的晶格常数有缩小的趋势，从而增加了碳原子析出的驱动力；另一方面，深冷处理过程中，残留奥氏体继续转变为马氏体，位错不断增加，碳原子容易在位错线或晶界附近偏聚，在随后的回火过程中，马氏体基体上容易析出大量弥散的超微细碳化物，从而引起材料强化[115~117]。

（3）组织细化。深冷处理后，粗大的马氏体板条发生了碎化，马氏体基体上析出大量的超细弥散碳化物，从而改善了工件的强韧性能[118~120]。目前认为，组织细化的原因可能是由于马氏体点阵常数发生了变化[121]，也可能是由马氏体分解析出超细碳化物造成[122]。

（4）表面产生残余压应力。深冷处理过程可能引起材料内部缺陷（微孔或内应力集中的部位）的塑性流变。在随后的升温过程中会在表面产生残余压应力，这种应力可以减轻缺陷对材料局部强度的损害，最终表现为磨损性能的提高[123~125]。

（5）深冷处理部分转移了金属原子的动能。原子间既存在使其紧靠在一起的结合力，又存在使之分开的动能。深冷处理部分转移了原子间的动能，从而使原子结合得更紧密，提高了金属的性能。

目前，国内外学者对于深冷处理作用机理在某些方面达成了共识[126~128]，例如认为深冷处理过程中残余奥氏体会继续向马氏体进行转化；在升温至室温及低温回火过程中会在马氏体基体的孪晶或位错线上析出大量弥散分布的超细碳化物，造成基体组织细化等。而关于深冷处理过程中残余奥氏体能否完全转变为马氏体，深冷处理时间对残余奥氏体转变量的影响，造成组织细化的原因是马氏体点阵常数的变化还是超细碳化物的析出等诸多问题存在争议。深冷处理过程中除公认的一些观点外，碳化物的偏聚位置、残余奥氏体向马氏体转变过程中位错密度的变化、回温过程中碳原子与合金元素的重新分布以及马氏体正方度变化等影响因素均有待深入研究。

2 渗碳轴承钢的材料制备

2.1 引言

轴承钢的质量对轴承的性能、寿命和可靠性等起决定性作用。如绪论所述，高铁轴承服役条件非常恶劣，既要求轴承钢有较长的接触疲劳寿命，还要求有良好的耐磨性和抗冲击性能。目前，采用 G20CrNi2MoA 渗碳钢制造的轴承仅能够满足普通铁路轴承工况要求。因此，必须进行成分优化获得高铁轴承用钢。

本章首先在普通铁路轴承用 G20CrNi2MoA 渗碳钢的基础上，采用 JMatPro 热力学软件，对渗碳钢进行热力学分析和计算，分析钢中加入 V 和 Nb 元素对平衡析出相的影响规律，优化得到高铁轴承用钢的化学成分；然后，采用合理的冶炼、锻造、轧制工艺获得渗碳前坯料，优化预处理工艺获得组织均匀、硬度适宜的渗碳前材料；最后通过合理的渗碳工艺，制备得到渗碳实验钢，并对渗碳层特性进行检测，为高铁轴承生产过程中预处理和渗碳工艺的优化提供基础数据。

2.2 化学成分设计

国外轴承钢新钢种的研制过程，基本上是在现有的成熟钢种基础上，有针对性地进行成分调整，使新钢种得到期望的性能，并降低新钢种的研制成本和难度，提高新钢种的研制成功率。按照该思路，本节在 G20CrNi2MoA 钢的基础上，适当调整其化学成分，重新设计及优化钢种。

G20CrNi2MoA 是一种常用的优质合金渗碳钢，合金元素含量较低，合金元素配比良好，在世界主要工业国家中均有广泛应用。美国的 SAE4320 和日本的 SNCM420 与我国的 G20CrNi2MoA 钢相近。渗碳处理后表面有相当高的硬度、耐磨性和接触疲劳强度，同时心部还保留良好的韧性，能承受高的冲击负荷，主要用于铁路轴承等耐冲击、耐磨损零件。G20CrNi2MoA 钢的基本化学成分范围见表 2-1。

表 2-1 G20CrNi2MoA 钢化学成分（质量分数） （%）

元素	C	Si	Mn	Cr	Ni	Mo	P	S	O	N
含量	0.17~0.23	0.15~0.4	0.4~0.7	0.35~0.65	1.6~2.0	0.2~0.3	≤0.02	≤0.02	0.003	0.029

2.3 化学元素作用

渗碳钢渗碳后的热处理工艺主要是淬火+低温回火，淬透性的好坏直接影响其使用性能，同时渗碳钢要求表面高硬度、高耐磨性，心部保持高强度和高韧性。因此，想通过化学成分的优化达到材料需要的力学性能，首先要了解钢中各合金元素的作用。

（1）C：渗碳轴承钢渗碳淬火后，零件心部的硬度和淬透性主要由碳含量决定。轴承钢心部不但要有足够高的强度，其冲击韧性也要达标，此时钢中碳含量应在 0.08%~0.30%。同时，为了保证渗碳轴承钢表面具有足够的硬度、淬透性和耐磨性，渗碳轴承表面渗碳后，碳的含量一般在 1.0%左右（0.9%~1.1%）。研究指出[129]，为了使淬火+回火后的钢硬度不低于 HRC 60，表面碳含量至少要达到 0.8%。但继续增加碳含量会产生大块碳化物。综合考虑耐磨性、硬度，防止热处理晶粒粗化以及淬透性等方面，渗碳层含碳量一般应不超过 0.95%。

（2）Cr：Cr 属于碳化物形成元素，能够改善钢的淬透性和耐蚀性，其强度、硬度和耐磨性也会有所提高。但与此同时，轴承钢中如果铬和碳的含量过高，钢中会容易形成粗大的共晶碳化物，因此应合理优化 Cr 和 C 的含量以改善钢的性能[130~133]。此外，Cr 还能使钢的热处理工艺稳定，获得良好的渗碳性能，减少碳化物的不均匀性，一般渗碳轴承钢 Cr 含量应在 2%以下。

（3）Ni：Ni 在钢中能够降低表面吸收碳原子的能力，加速碳原子在奥氏体中的扩散，减少渗碳层中碳的浓度，所以 Ni 能减缓渗碳速度。但是 Ni 的加入可以大大提高钢的韧性[134~136]。渗碳轴承钢中 Ni 加入量一般应在 5%以下。

（4）Mo：Mo 在渗碳轴承钢中能够提高钢的淬透性，改善其力学性能，尤其对钢韧性的提升效果显著[137]。此外对于钢的耐磨性和渗碳性能也有所改善，渗碳轴承钢中 Mo 的含量一般应在 1%以下。

（5）Si、Mn：Si 元素在钢中具有固溶强化和增加回火稳定性的作用，但当 Si、Mn 元素超过 0.2%时渗碳层易于氧化，降低渗碳层韧性，进而降低轴承接触疲劳强度；Mn 元素具有强烈的晶界偏聚倾向，可增加回火脆性，降低钢的韧性，因此，为保证渗碳层和心部的韧性，Si、Mn 元素含量一般应控制在 0.2%以下。

（6）P：在钢液凝固时易形成微观偏析，加热时容易发生晶界偏聚，进而增大钢的脆性，降低轴承钢的抗疲劳性能，因此 P 含量应控制在 0.01%以下。

（7）S：形成 MnS 夹杂物，易在晶界处产生偏析从而降低钢的韧性和疲劳性能。因此，S 含量应控制在 0.005%以下。

2.4 成分优化

首先，采用 JMatPro 软件对 G20CrNi2MoA 钢的平衡相图进行模拟计算。图 2-1 所示为 G20CrNi2MoA 钢在不同温度下的平衡相图。从图 2-1 中可以看出，G20CrNi2MoA 钢在 200～1600℃温度范围内存在的相有液相、高温铁素体、奥氏体、铁素体、渗碳体、$M_{23}C_6$、M_7C_3 以及 MC 相等。当温度高于 1450℃时，G20CrNi2MoA 钢只存在液相；当温度降至 1450℃时，固相（奥氏体）开始析出；温度为 1338℃时，液相完全转变为奥氏体。液固转变结束后，

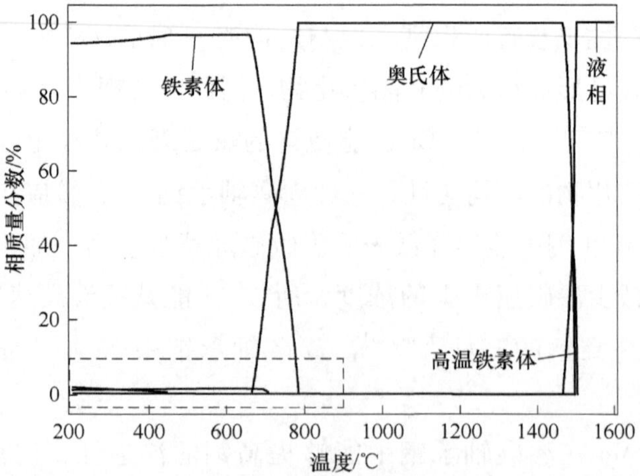

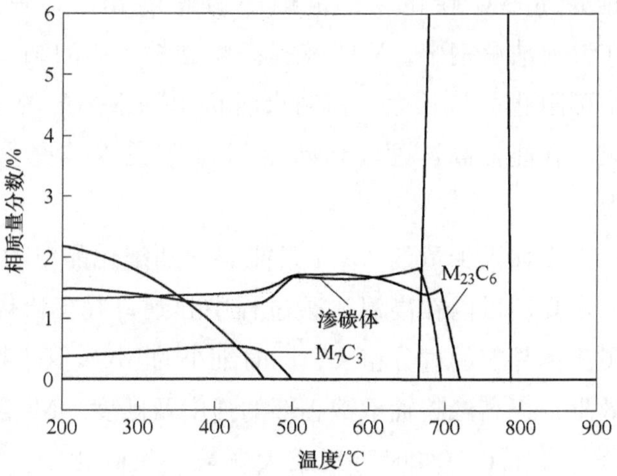

图 2-1 G20CrNi2MoA 钢在不同温度下各相的质量分数

随着温度的继续降低，奥氏体中开始析出铁素体。当温度降低到 720℃ 左右时，钢中首先析出 $M_{23}C_6$相，随着温度继续降低，渗碳体开始从组织中析出，并且随着温度的继续降低，$M_{23}C_6$相和渗碳体相的质量分数先增大随后保持稳定。当温度继续降低到 500℃ 左右时，组织中开始析出 M_7C_3 相，并且随着温度降低，M_7C_3 相质量分数有所增加。

由于 G20CrNi2MoA 钢渗碳淬火后表层硬度较低，心部强度和硬度较低，不能满足高铁轴承钢性能要求。故成分优化总体思路为降 Cr 增 Ni 和 Nb、V 微合金化。

一般情况下，Cr 元素易于形成富 Cr 的 $M_{23}C_6$型碳化物，这种碳化物较为粗大，易降低材料的塑性和韧性。因此，在保证强度的前提下，应适当降低 Cr 元素含量。Cr 元素作为钢中的合金元素，能够有效提高钢的淬透性并形成稳定的碳化物，提高钢的强度、耐磨性及耐蚀性。过高的 Cr 会导致钢形成残余奥氏体和铁素体甚至形成网状 $M_{23}C_6$碳化物，所以，本实验钢 Cr 含量应控制在 0.4%~0.6%。

Ni 能够同时有效提高基体韧性和渗碳层的淬透性，降低钢的韧脆转变温度，可使得材料在低温环境下能安全可靠使用。Ni 含量低于 1.5%时韧化作用不显著；Ni 元素含量超过 2.5%时可促进残余奥氏体大量形成，降低钢的硬度且增加成本。因此，本实验钢 Ni 含量控制在 1.6%~2.5%。

V在钢中能形成VC碳化物，是钢中最硬的相，其硬度可达83.5~85HRC。因此在渗碳轴承钢中，V能够提高耐磨性。V的细小氮化物、碳化物在加热过程中可阻止晶粒长大，在回火时析出细小弥散的VC碳化物，具有二次硬化效果，并能提高淬硬性和韧性[138]。但是V含量过高容易形成大颗粒MC碳化物。

在渗碳轴承钢中加入少量的Nb元素能够起到细化晶粒的效果，Nb碳化物的固溶温度非常高，可以在高温渗碳过程中起到钉扎奥氏体晶界作用，抑制渗碳过程中奥氏体晶粒的过分粗大，同时细小的Nb碳氮化物能够起到强化渗碳轴承钢的效果，提高渗碳轴承钢心部的强度及硬度。Nb含量低于0.02%时以上作用下降，高于0.10%时可形成大颗粒一次碳化物，降低钢的韧性。因此，Nb含量应控制在0.02%~0.1%。

首先，在保证其他元素含量不变的情况下，通过JMatPro软件计算了G20CrNi2MoA钢中添加V元素后各析出相的质量分数随V元素含量的变化情况，如图2-2所示。从图中可以看出，随着V元素的加入，渗碳体和$M_{23}C_6$相的质量分数逐渐降低，M(C,N)和M_7C_3相的质量分数逐渐升高。当V元素含量增加到0.3%后，M_7C_3相的质量分数达到峰值，继续增加V元素含量，M_7C_3相的质量分数开始下降，而M(C,N)相质量分数随着V元素含量的增加而逐渐增加。从图2-2中可以看出，M(C,N)相中V元素的含量随着钢中V元素含量的增加而稳步增加。因此，当V元素含量控制在0.2%~0.3%时，可以获得复合析出相强化的效果。

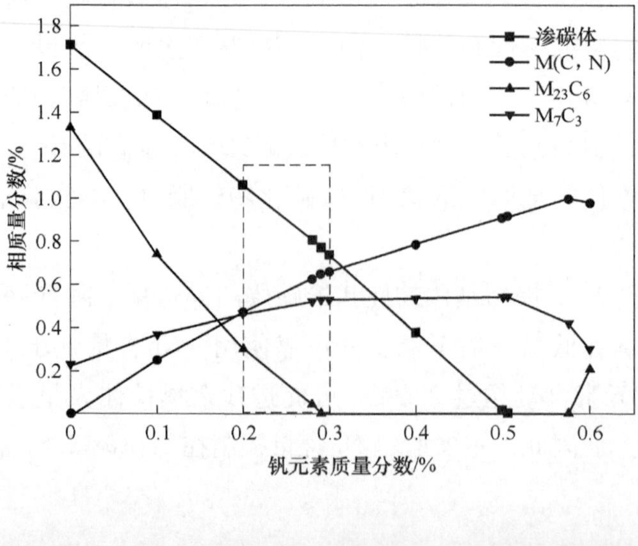

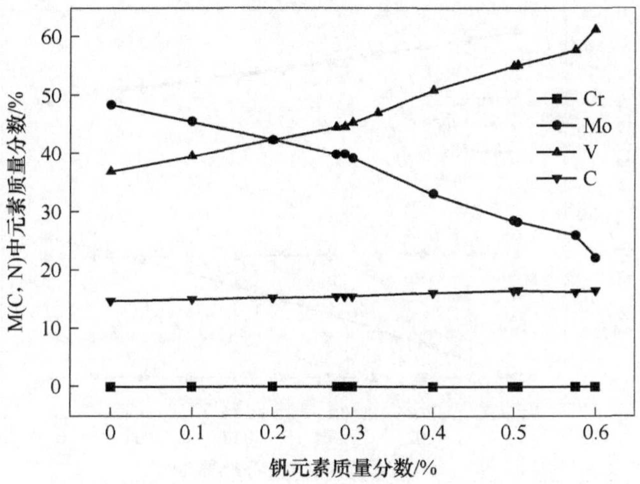

图 2-2 钒元素含量变化对 G20CrNi2MoA 钢中析出相的影响情况

G20CrNi2MoA 钢中添加 Nb 元素后各析出相的质量分数随 Nb 元素含量的变化情况如图 2-3 所示。从图中可以看出，Nb 元素的加入直接导致渗碳体的质量分数降低，而 M(C,N) 相的质量分数随着 Nb 元素含量的增加而增加。Nb 元素的加入对组织中 $M_{23}C_6$ 和 M_7C_3 相的质量分数不产生影响，说明 Nb 元素只存在于 M(C,N) 相中。通过分析 M(C,N) 相中各元素随 Nb 元素含量变化的变化规律可以看出，M(C,N) 中 Nb 和 V 的质量分数随着 Nb 元素的加入呈现相反的趋势，随着 Nb 元素含量的增加，M(C,N) 中 Nb 逐渐取代 V。

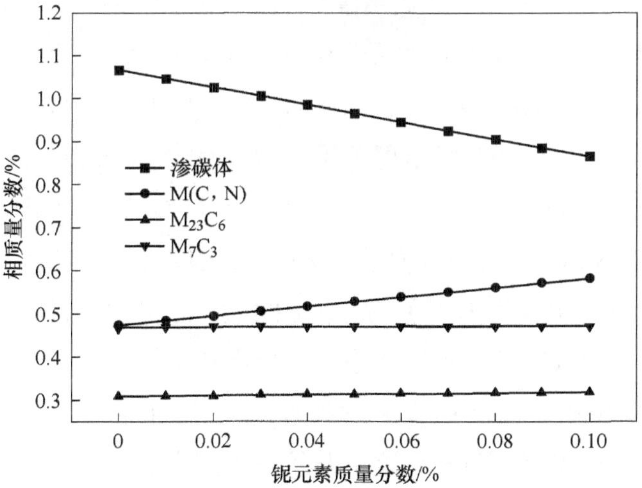

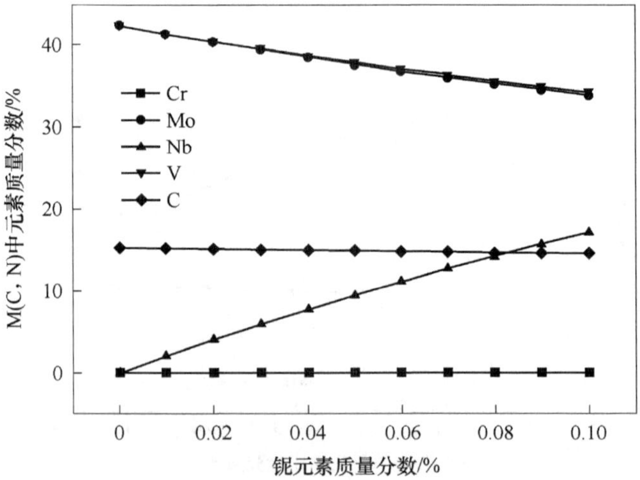

图 2-3　Nb 元素含量变化对 G20CrNi2MoA 钢中析出相的影响情况

基于以上成分设计思路，优化后实验钢中化学元素质量分数为：C0.18%～0.24%，Si ≤ 0.2%，Mn ≤ 0.2%，P ≤ 0.01%，S ≤ 0.005%，Cr0.4%～0.6%，Ni1.6%～2.5%，Mo0.1%～0.3%，Nb0.02%～0.05%，V0.2%～0.3%，其余为 Fe 及难避免的杂质。按照钢种命名习惯，本节设计的实验钢命名为 20CrNi2MoV 钢。

2.5　平衡相图

通过 JMatPro 软件热力学计算得到 20CrNi2MoV 钢在 200～1600℃ 温度区间的平衡相图，如图 2-4 所示。从图 2-4 中可以看出，平衡态下的 20CrNi2MoV 钢在 200～1600℃ 温度范围内存在的相有液相、高温铁素体、奥氏体、铁素体、渗碳体、$M_{23}C_6$、M_7C_3 以及 M(C,N) 相等。当温度高于 1450℃时，20CrNi2MoV 钢中只存在液相；当温度降至 1450℃时，固相（奥氏体）开始析出；温度为 1338℃时，液相完全转变为奥氏体。液固转变结束后，随着温度的继续降低，奥氏体中开始析出铁素体。

从图 2-4 中可以看出，M(C,N)相的析出温度非常高，在高于 1000℃时，组织中就开始出现 M(C,N)相，这主要是由于钢中加入一定量的 Nb 元素。当温度降低到 700℃左右时，钢中开始析出 $M_{23}C_6$ 相和渗碳体。随着温度继续降

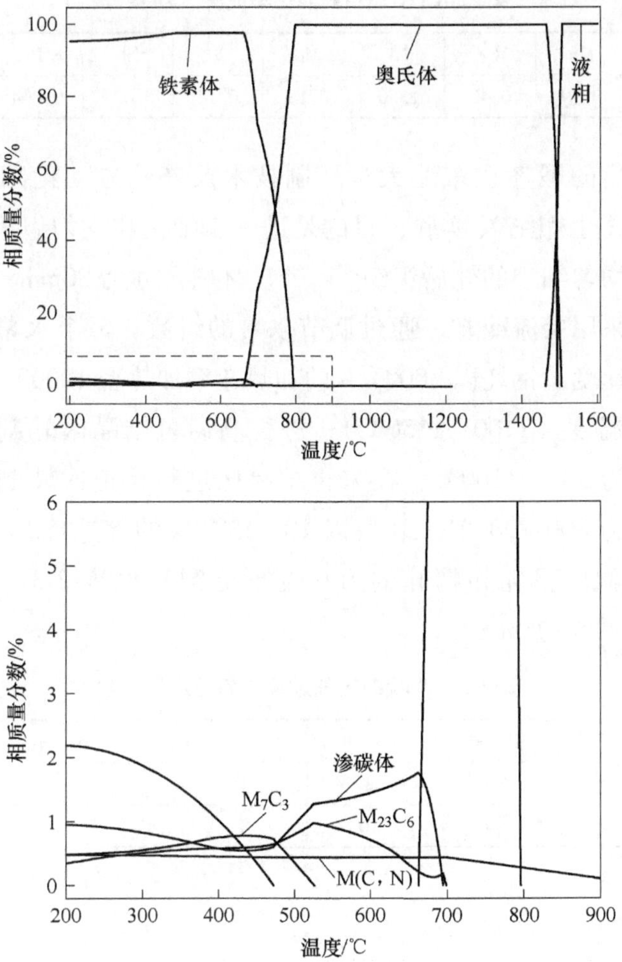

图 2-4　20CrNi2MoV 钢在不同温度下各相的质量分数

低，$M_{23}C_6$相和渗碳体相的质量分数先增大随后开始降低。当温度继续降低到520℃左右时，组织中开始析出 M_7C_3 相，并且随着温度降低，M_7C_3 相的质量分数增加。

2.6　冶炼、锻造和轧制

在东北特钢集团抚顺基地经过真空冶炼和真空自耗冶炼，浇注成 ϕ120mm 钢坯。锻造温度为 1100～1200℃，锻坯尺寸约为 80mm×80mm×1200mm。锻后采用坑冷方式冷却至室温。实验钢的具体化学成分见表 2-2。

表 2-2 20CrNi2MoV 钢化学成分（质量分数） （%）

C	Si	Mn	Cr	Ni	Mo	V	Nb	P	S	Fe
0.21	0.15	0.19	0.42	1.80	0.15	0.18	0.023	0.004	0.002	其余

截取锻造后的锻坯在东北大学轧制技术及连轧自动化国家重点实验室 ϕ450 轧机上进行控轧控冷实验，目的是进一步细化和均匀组织，保证为后续实验工艺提供均匀细小的轧后组织[139, 140]。坯料尺寸为 80mm×80mm×180mm。轧后冷却方式采用层流冷却，通过调节水幕的组数、每个水幕的流量及辊道速度控制冷却速度。钢坯以 300℃/h 的加热速率加热至 1200℃，保温 2h 后出炉缓冷至粗轧温度（1100～1150℃），进行高温再结晶区轧制，粗轧为 3 道次，温度区间为 980～1100℃；在未再结晶区进行 4 道次轧制，模拟精轧过程，终轧温度为 800～900℃，轧后以 10～15℃/s 的冷速冷却至 500～550℃，然后空冷至室温。粗轧和精轧的道次变形分配量见表 2-3。坯料入口厚度 80mm，出口厚度为 25mm。

表 2-3 实验钢热轧过程中各道次压下量

道次	粗轧			精轧			
	1	2	3	4	5	6	7
压下量/mm	15	10	10	8	5	4	3

2.7 渗碳处理

2.7.1 工艺参数

在轧制后钢件上切取 15 块尺寸约为 100mm×100mm×25mm 的样板，在实验室中采用改进余热退火工艺进行渗碳前预处理，然后通过平面磨床将表面打磨光滑，最终软磨至尺寸为 100mm×100mm×22mm 的渗碳试样。

渗碳实验在瓦房店轴承有限公司连续式渗碳生产线上进行，整个生产线分为清洗段、预加热段、渗碳段和淬火段，具体布局如图 2-5 所示，工艺路线如图 2-6 所示。

渗碳阶段在可控气氛全自动渗碳炉中进行，渗碳气体主要成分为一氧化碳、烷烃、烯烃、氢气等。整个渗碳过程分为加热、强渗、扩散和降温等四

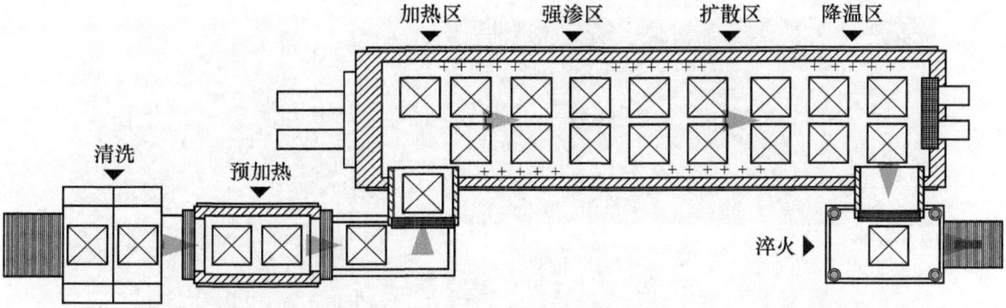

图 2-5 连续式渗碳生产线

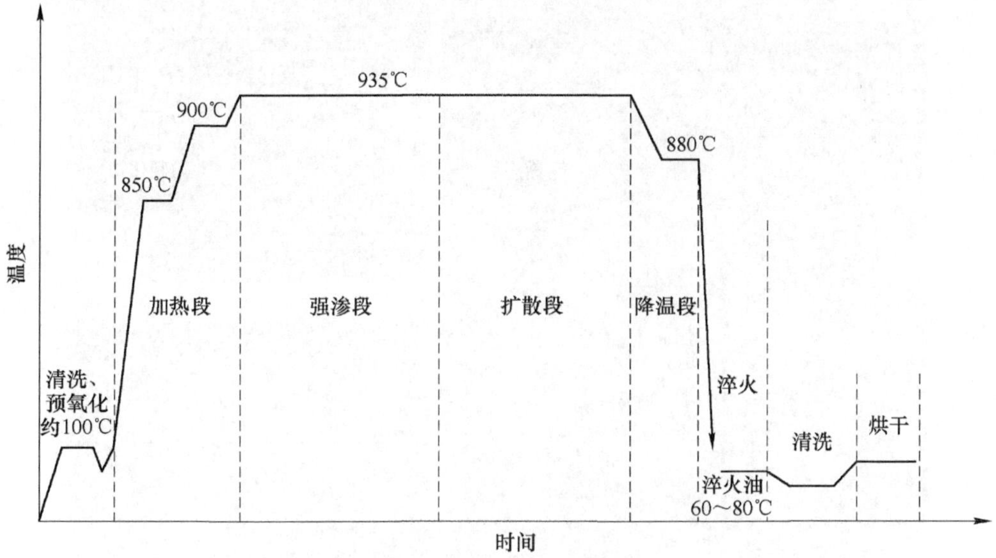

图 2-6 渗碳过程工艺路线

个阶段，每个阶段的渗碳温度和碳势分别独立控制。加热段的温度为 900℃，碳势为 0.6，时间为 7h；强渗段温度为 935℃，碳势为 1.3，强渗时间为 6h；扩散段温度为 935℃，碳势为 1.25，扩散时间为 10h；降温段温度为 880℃，碳势为 1.05，时间为 4h。渗碳结束后出炉油冷至室温。

2.7.2 渗碳层显微组织

图 2-7 所示为渗碳层距离表面不同深度下的显微组织。可以看出，由表面到中心的显微组织依次为针状马氏体+碳化物、针状马氏体+板条状马氏体、板条状马氏体+少量贝氏体。微观组织形貌的演变直接反映了渗碳层不同

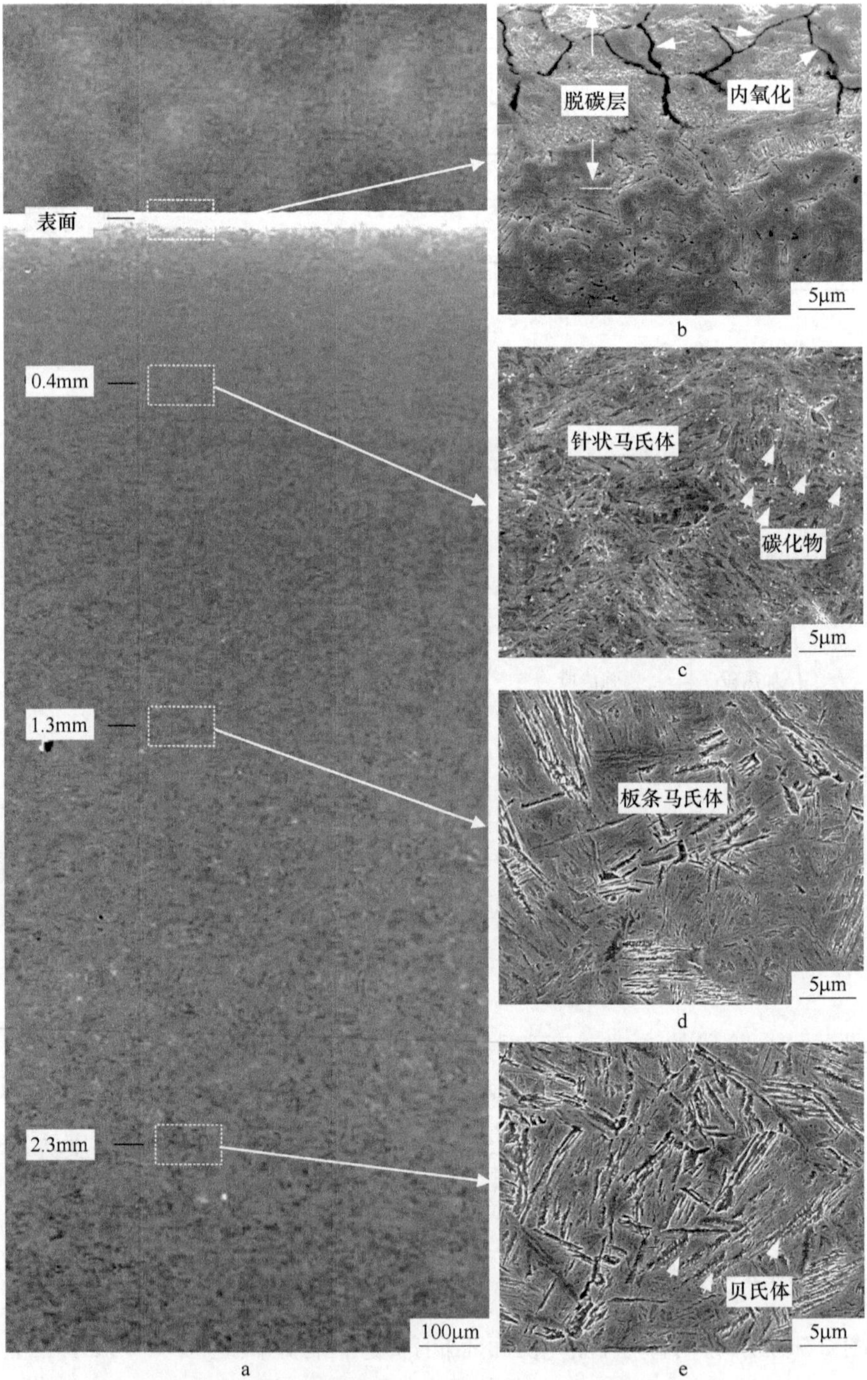

图 2-7 渗碳层不同深度下的显微组织

a—渗碳层全貌；b—表面；c—0. 4mm；d—1. 3mm；e—2. 3mm

深度处的含碳量变化。如图 2-7 所示，渗碳层表面组织中有明显的脱碳层，厚度约为 10μm，同时还有细微的由于内氧化造成的显微裂纹，这主要是由渗碳后淬火过程中表面轻微脱碳造成的。表面脱碳层会在后期的磨削加工过程中清除。

真正意义的渗碳表层应为表面以下 0.2~0.4mm，组织主要为针状马氏体，由于是淬火状态，马氏体界面非常清晰。在马氏体基体上均匀分布着球状碳化物，数量众多，碳化物尺寸约为 0.4μm。在渗碳层以下 1.3mm 处，组织中开始出现少量的板条状马氏体。在渗碳层以下 2.3mm 处，组织基本为板条马氏体，另有少量的贝氏体，此处的组织基本代表了实验钢淬火后心部组织形貌。

渗碳层组织中另外一个重要的相为残余奥氏体。由于渗碳后表层含碳量增多，渗碳层成分属于过共析钢成分，同时渗碳过程中奥氏体在高温下保温很长时间，因此淬火后渗碳层容易获得大量的残余奥氏体。为了确定渗碳层淬火后组织中残余奥氏体的含量，采用日本力学 D/max 2400 型 X 射线衍射仪（XRD）对渗碳层不同深度下的薄片进行检测，试验电压为 56kV，阳极靶材为 Cu，扫描步长为 3°/min，衍射角扫描范围为 40°~110°。所得的 X 射线衍射线如图 2-8 所示。从图中可以看出，从表层到心部均存在奥氏体衍射峰，如（111）、（200）、（220）和（311）晶面衍射峰，随着距表面距离的增大，奥氏体衍射峰强度逐渐减弱。

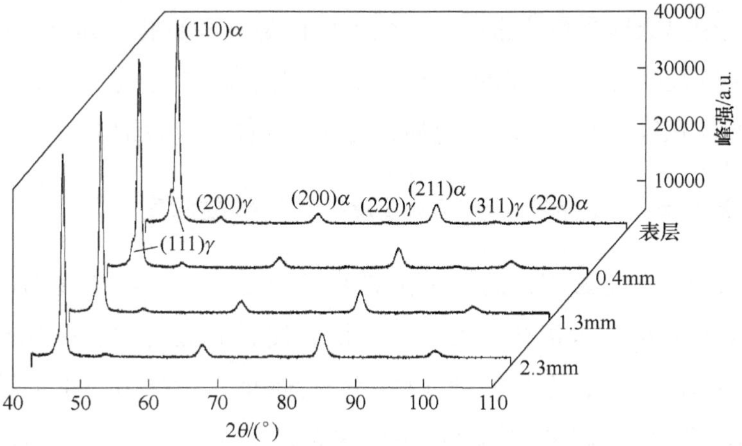

图 2-8　不同渗碳层深度下组织的 X 射线衍射曲线

根据 X 射线衍射图，按照式（2-1）计算实验钢中残余奥氏体含量：

$$V_\gamma = 1.4I_\gamma/(I_\alpha + 1.4I_\gamma) \tag{2-1}$$

式中 V_γ——残余奥氏体体积分数；

I_γ——奥氏体（200）、（220）和（311）晶面衍射峰的平均积分强度；

I_α——铁素体（200）和（211）晶面衍射峰的平均积分强度。

计算结果如图 2-9 所示。可以看出，随着距表面距离增大，渗碳层组织中残余奥氏体含量先增多后减少。在距表面 0.4mm 处组织中残余奥氏体体积分数达到峰值，约为 26%，在距表面 2.3mm 处组织中残余奥氏体含量降低到约 16%。

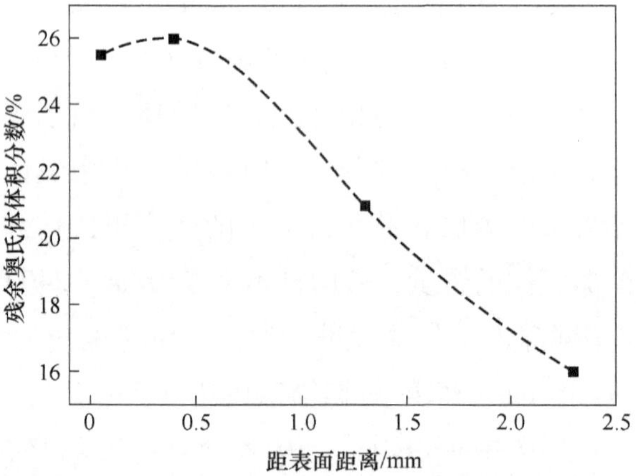

图 2-9　不同渗碳层深度下组织中残余奥氏体含量

通过测定渗碳层中残余奥氏体的含量可以看出，渗碳+一次淬火后，渗碳层组织中残余奥氏体含量非常高。残余奥氏体是一种软相，其含量过高必然会导致渗碳层硬度降低，进而降低渗碳层的耐磨性以及接触疲劳性能，同时过多的残余奥氏体在轴承服役过程中容易转变为马氏体，导致轴承尺寸发生变化。

2.7.3　渗碳层碳浓度梯度、硬度梯度及有效渗碳层深度

众所周知，评定渗碳件的质量主要有表面含碳量、碳浓度梯度以及有效渗碳层深度等三项技术指标。表面含碳量直接影响最终的渗碳层硬度。碳浓度梯度下降得越平缓，渗层的硬度梯度也就越小、渗层与心部的结合就越牢固。渗碳温度是影响碳浓度梯度的主要因素，渗碳温度越高，梯度就越平缓；反之越陡。有效渗碳层深度决定了渗碳试样的耐磨性以及接触疲劳性能。

对渗碳层中碳含量分布采用剥层法进行分析，使用的设备是 PAD-5500Ⅱ

型直读光谱仪。首先测量试样渗碳后表面的碳含量，然后选择在表面每磨削掉0.1~0.3mm位置处进行一次测试，直到碳含量不再降低为止。测量结果如图2-10a所示。从图中可以看出，随距表层距离的增加，渗碳层碳含量先升高后降低，整体呈缓慢下降趋势。表层含碳量约为0.88%，在距离表面约300μm处，含碳量达到峰值0.92%；当距表面距离超过2500μm后，组织中含碳量维持不变。表面含碳量偏低的原因主要是淬火过程中表面轻微脱碳。

采用日本富士FM-700型显微硬度计检测渗碳层的显微硬度梯度，选择载荷为1000g，加载时间为6s。首先测量渗碳层表面显微硬度值，然后距离表面每隔250μm深度处进行一次测试，直到显微硬度值不再降低为止。图2-10b所示为渗碳层硬度梯度分布，可以看出，随着距表面距离的增加，显微硬度先增大后降低，整体呈缓慢下降趋势，硬度梯度的变化与含碳量变化趋势基本一致。表面显微硬度为798HV，在距离表面约500μm处，显微硬度达到峰值824HV，当距表面距离超过约3000μm后，显微硬度值基本保持不变，约为350HV。显微硬度分布与渗碳层含碳量、微观组织类型和残余奥氏体含量变化均有关。距表面距离较小时，含碳量较高，淬火后容易获得硬度较高的针状马氏体，但同时组织中残余奥氏体含量也较高，综合作用的结果是渗碳层显微硬度梯度下降较为平缓。

有效渗碳层厚度评定方法有金相法及硬度梯度法。金相法是用金相显微镜检测零件渗碳后的平衡状态的金相组织以确定层深，此法具有直观简洁的优点，但不能反映出零件的性能。因为即使渗碳层碳浓度分布相同，由于渗碳后的热处理制度不同，零件的性能也不同。金相法的另一个缺点是人为误差大，试样的平衡态组织难以得到。由于零件的强度与硬度有一定的对应关系，当零件的高硬度深度得到保证的时候，零件的强度和疲劳强度也就得到了保证。因此硬度法测得的有效渗碳层深度就能与零件的使用性能联系起来。本节采用硬度法测定实验钢渗碳后的有效渗碳层深度，一般以550HV作为分界线，从图2-10b中可以看出，实验钢渗碳淬火后的有效渗碳层深度约为1.9mm，深度较浅，这主要是由于渗碳+一次淬火后渗碳层组织较为粗大，以及渗碳层组织中残余奥氏体含量过高。因此，必须进行渗碳后热处理，以提高有效渗碳层深度。

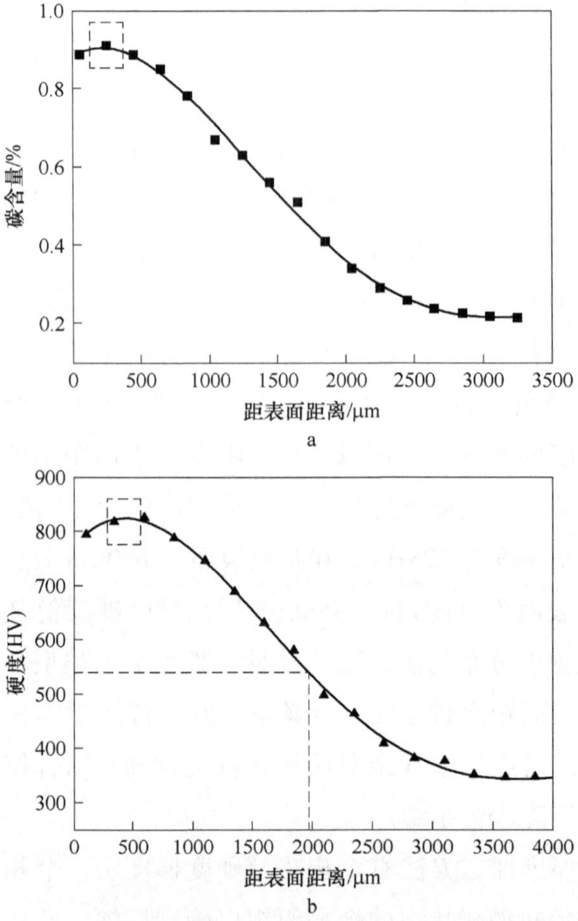

图 2-10 渗碳层碳浓度梯度和显微硬度梯度

a—碳浓度梯度；b—显微硬度梯度

2.8 本章小结

（1）在 G20CrNi2MoA 钢的基础上，按照降 Cr 增 Ni 和添加 Nb、V 微合金元素的总体优化思路，利用 JMatPro 热力学软件计算了 G20CrNi2MoA 钢中添加 V 和 Nb 元素后各析出相变化情况，确定了优化后实验钢的化学元素成分范围，实验钢命名为 20CrNi2MoV 钢。通过 JMatPro 热力学软件计算，得到了实验钢 200~1600℃ 温度区间的平衡相图。

（2）实验钢经过真空感应和真空自耗冶炼后锻造成材，锻坯在 ϕ450mm 轧机上进行控轧控冷，进一步细化和均匀组织，为后续渗碳及热处理提供了良好母材。

（3）在连续式渗碳生产线上进行渗碳实验。分析了渗碳+一次淬火后渗碳层不同深度的显微组织，测定了渗碳后试样的表面含碳量、碳浓度梯度、硬度梯度以及有效渗碳层深度。渗碳+一次淬火后渗碳层组织较为粗大，残余奥氏体含量过高；渗碳层显微硬度梯度和碳浓度梯度较为平缓，表层含碳量约为0.88%，表面显微硬度为798HV；有效渗碳层深度较浅，约为1.9mm。

3 渗碳轴承钢的连续冷却转变行为研究

钢的连续冷却转变（continuous cooling transformation，简称 CCT）曲线，是制定热处理工艺和冷却工艺的重要理论依据，在新钢种的研发、热处理工艺制度和冷却工艺制度的优化等方面受到了广泛的应用。研究钢的连续冷却转变的本质就是研究冷却速度对过冷奥氏体的分解和分解产物的影响。钢的连续冷却过程包括过冷奥氏体从高温到低温的整个温度区间，在不同的冷却速率下，过冷奥氏体发生组织转变的时间、温度和膨胀量等都不尽相同，同时冷却速率还决定了最终得到的组织。研究钢种的 CCT 曲线，可以为制定合理的热处理及冷却工艺提供理论指导。

实验钢在渗碳后需要后续热处理，包括淬火和回火。为制定合理的淬火和回火工艺制度，有必要研究实验钢的连续冷却相变行为，获得实验钢的特征温度。由于实验钢渗碳后渗碳层和心部化学成分不同，因此需要分别研究渗碳层和心部的相变行为。

本章采用 Bahr DIL-805 相变仪对渗碳后实验钢的表层和心部进行了相变行为研究，获得了表层和心部组织的 A_{c1}、A_{c3}（A_{ccm}）、M_s 和 M_f 等相变温度以及 CCT 曲线，分析了冷却速率对过冷奥氏体相变后组织和显微硬度的影响规律。研究了淬火温度对表层和心部马氏体相变转变温度的影响。实验结果可为实验钢渗碳后热处理工艺的制定提供理论依据。

3.1 实验材料和方法

实验材料为第 2 章制备得到的 20CrNi2MoV 渗碳实验钢。采用热膨胀法研究实验钢渗碳层和心部的连续冷却转变行为。图 3-1 所示为相变试样尺寸、取样位置及膨胀仪示意图，板状试样尺寸为 4mm×10mm×2mm，取样位置如图 3-1a 所示，试样两端面平行，以确保试样在试验过程中可以自由膨胀与收缩，表面光滑无氧化皮等污垢。利用 Bahr DIL-805 型膨胀仪（图 3-1b）测试试样连续冷却转变过程中的膨胀曲线。

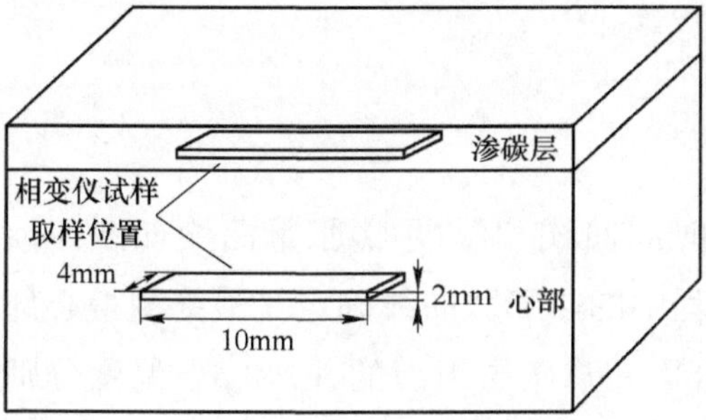

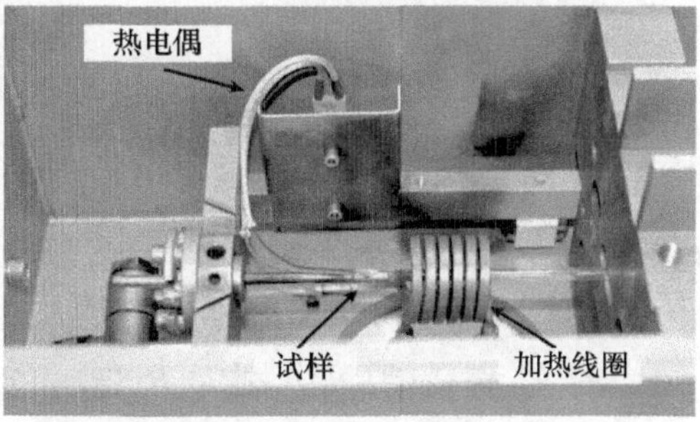

图 3-1 试样尺寸、取样位置及膨胀仪示意图

a—试样尺寸及取样位置；b—Bahr DIL-805 型膨胀仪

图 3-2 所示为实验工艺曲线。图 3-2a 为测定 CCT 曲线时采用的实验工艺，首先将试样以 5℃/s 加热到 900℃，保温 180s 以获得温度均匀的奥氏体组织，然后分别以 1℃/s、5℃/s、10℃/s、20℃/s、30℃/s、40℃/s、50℃/s、60℃/s 和 80℃/s 的速度冷至室温。获得冷却过程中的温度-时间曲线和温度-膨胀量曲线，根据获得曲线数据测得相变转变温度点，进而绘制 CCT 曲线。图 3-2b 所示为模拟油冷工艺下不同淬火温度时马氏体相变点温度的实验工艺示意图。首先将试样以 5℃/s 分别加热到 820℃、840℃、860℃、880℃和 900℃，并保温 180s，以获得温度均匀的奥氏体组织，然后以 60℃/s 的速度冷却到室温，以此模拟不同淬火温度下的油淬过程。获得淬火过程中的温度-时间曲线和温度-膨胀量曲线，根据获得的曲线数据测得的马氏体相变温度。

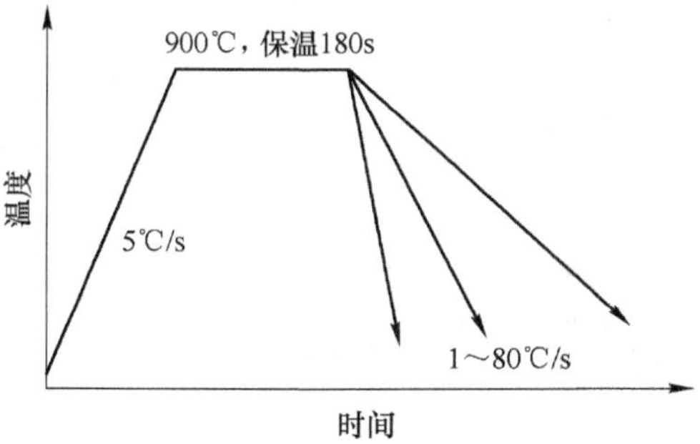

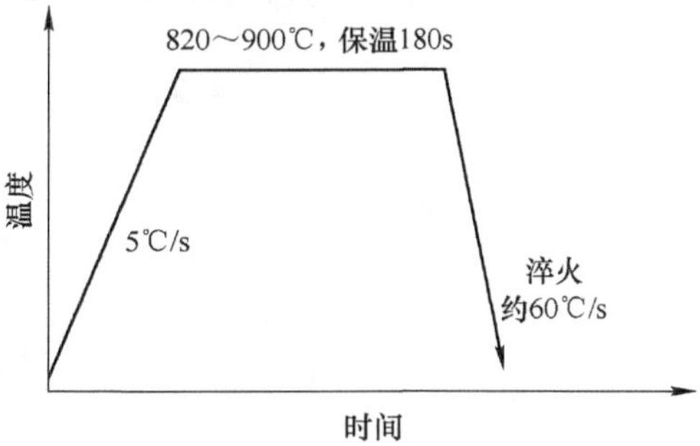

图 3-2 测定 CCT 曲线及马氏体相变温度的工艺曲线

a—测定 CCT 曲线工艺；b—测定马氏体相变温度工艺

3.2 实验结果与分析

3.2.1 连续冷却相变曲线

连续冷却相变实验中获得的温度-时间曲线和温度-膨胀量曲线如图 3-3a 所示，A_{c1}和A_{c3}温度点可以根据加热过程中的热膨胀曲线确定。最终测得心部组织的A_{c1}和A_{c3}温度分别为 768℃和 838℃，渗碳层组织的A_{c1}和$A_{c_{cm}}$温度分别为 762℃和 812℃。截取降温阶段的温度-膨胀量曲线，将膨胀量对温度微分，从获得的曲线可以非常直观地看出实验钢的相变过程。如图 3-3b 所示，当心

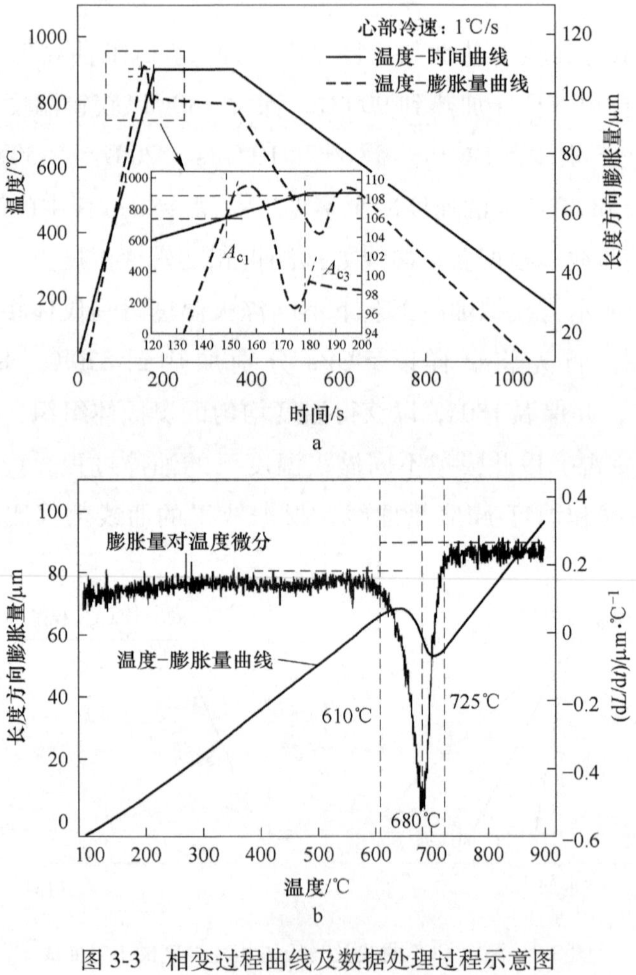

图 3-3 相变过程曲线及数据处理过程示意图

a—相变过程曲线；b—数据处理示意图

部冷却速度为1℃/s时，过冷奥氏体在610~725℃范围内发生了先共析铁素体相变，铁素体相变开始温度为725℃，相变结束温度为610℃，在680℃时，过冷奥氏体向先共析铁素体相变速度最快。通过这种方法可以比较准确地找到相变开始转变温度和终止转变温度。

根据不同冷却速度下的相变开始转变温度和相变终止转变温度，利用Origin软件绘制实验钢渗碳层组织和心部的CCT曲线，如图3-4和图3-5所示。

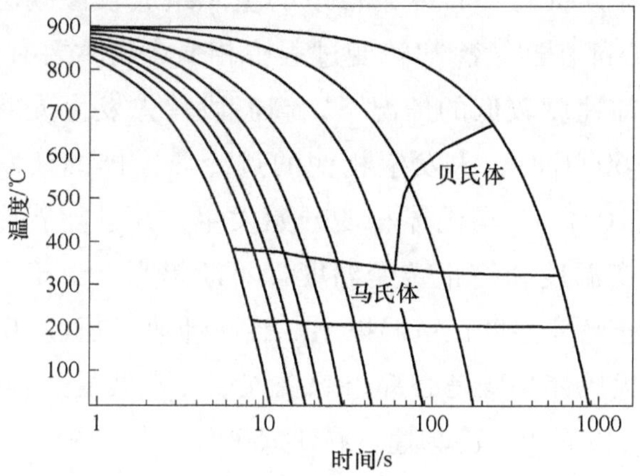

图3-4 渗碳层CCT曲线

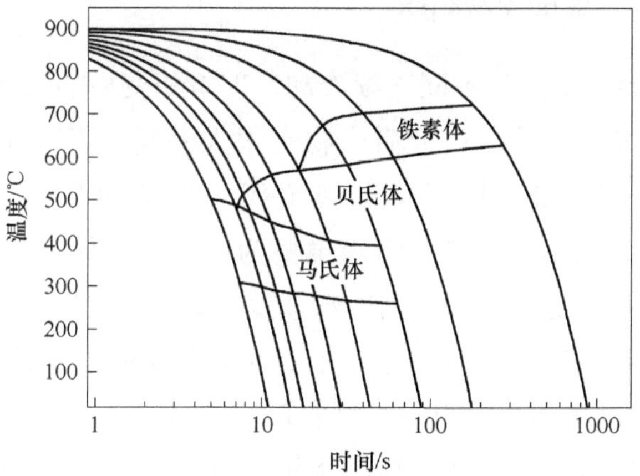

图3-5 心部CCT曲线

从图3-4渗碳层CCT曲线中可以看出，渗碳层在连续冷却转变过程中相变产物主要有两种：贝氏体和马氏体。贝氏体的相变区非常窄，只有在冷却速度较低的情况下贝氏体相变才会发生，当冷却速度大于5℃/s后，贝氏体相变受到抑制。马氏体相变是渗碳层在连续冷却过程中最重要的相变过程，这主要是由于渗碳层的含碳量较高。从 CCT 曲线中可以看出，随着冷却速度的增大，马氏体相变开始转变温度提高。从图 3-4 中还可以看出，渗碳层马氏体相变在约 200℃ 即终止，说明马氏体相变是在一个温度范围内进行的，由于渗碳层含碳量较高，M_f点在室温以下，因此室温下组织中将会存在一定数量未转变的奥氏体。

实验钢心部在连续冷却转变条件下的组织组成较渗碳层组织更为复杂，如图 3-5 所示，心部在连续冷却转变过程中相变产物主要有铁素体、贝氏体和马氏体。在冷却速度较低的情况下，高温段首先发生先共析铁素体相变，当温度降低到约 600℃ 时，未发生相变的过冷奥氏体继续发生贝氏体相变。当冷却速度超过 10℃/s，马氏体相变开始发生，并且随着冷却速度的增大，马氏体的开始转变温度和终止转变温度都不断提高。由于心部含碳量较低，因此马氏体的终止转变温度在室温以上。当冷却速度超过 20℃/s 时，铁素体相变受到抑制。贝氏体相变是心部组织在连续冷却转变过程中重要的相变过程，从图 3-5 中可以看出，冷却速度在 1~50℃/s 范围内时，贝氏体相变一直存在；当冷却速度超过 50℃/s 后，贝氏体相变受到抑制。

3.2.2 连续冷却相变的微观组织

图 3-6 所示为渗碳层在不同连续冷却速度下相变后的微观组织 SEM 照片。可以看出，冷却速度不同，相变后产物有很大差异。当冷却速度为 1℃/s 和 5℃/s 时，如图 3-6a 和 b 所示，微观组织主要为贝氏体。当冷却速度为 10℃/s时，如图 3-6c 所示，微观组织主要为针状马氏体，几乎观察不到贝氏体，说明贝氏体相变受到抑制。当冷却速度为 20℃/s 时，如图 3-6d 所示，微观组织全部为针状马氏体，并且基体上有少量的碳化物。冷却速度从 30℃/s 增大到 80℃/s 的过程中，微观组织虽然仍为针状马氏体形貌，但是冷却速度越大，针状马氏体越致密错杂，马氏体轮廓越清晰，如图 3-6e~i 所示。从微观组织的观察中也可以看出，贝氏体相变区很窄，马氏体相变是渗碳层最主要的相变过程。

心部连续冷却相变后的微观组织 SEM 照片如图 3-7 所示。随着冷却速度的增大，微观组织由先共析铁素体+贝氏体逐渐过渡到完全贝氏体，再到贝氏

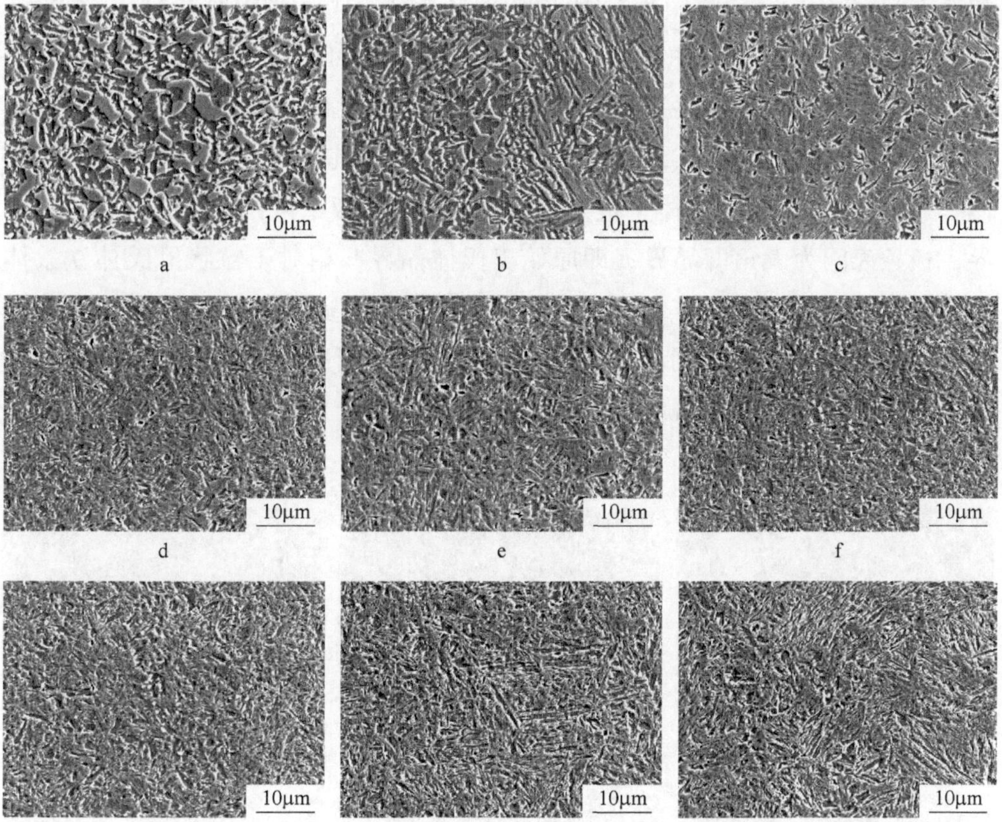

a b c d e f g h i

图 3-6 渗碳层在不同连续冷却速度下相变后组织 SEM 照片

a—1℃/s；b—5℃/s；c—10℃/s；d—20℃/s；e—30℃/s；

f—40℃/s；g—50℃/s；h—60℃/s；i—80℃/s

体+少量的马氏体组织，最后到完全的马氏体组织。贝氏体转变是心部连续冷却过程中最主要的相变过程，冷却速度不同，过冷奥氏体会发生不同的贝氏体相变，从而获得不同的贝氏体组织。当冷却速度为 1℃/s 时，如图 3-7a 所示，由于冷却速度较低，过冷奥氏体在先共析铁素体相变区停留时间较长，因此组织主要是大块的先共析铁素体+少量的贝氏体。当冷却速度为 5℃/s 时，奥氏体过冷度较小，转变温度高，各元素的扩散能力相对大，大部分奥氏体在贝氏体转变区较高温度范围内发生贝氏体相变，组织大部分为粒状贝氏体，如图 3-7b 所示，粒状贝氏体铁素体特征主要是不规则、无特征的外形，与准多边形铁素体相似，M-A 岛呈不规则形状弥散分布于基体上。当冷却速度为10℃/s时，如图3-7c所示，虽然微观组织还是以粒状贝氏体为主，但这种粒状贝氏体是由伸长的铁素体板条和板条间均匀排列的岛状物组成，具有板条形状的铁素体并排列成束，由于冷却速度相对过低，该板条束尺寸过大。当冷却速度为20℃/s时，如图3-7d所示，其微观组织主要是板条贝氏体+马氏体，贝氏体铁素体呈板条平行排列，形成板条束；板条间为小角度晶界，板条束间为大角度晶界，即原始奥氏体晶界，相对于粒状贝氏体铁素体组织，板条长、窄，板条界清晰。随着冷却速度继续增大，如图3-7e、f和g所示，贝氏体相变被抑制，马氏体相变占主导。当冷却速度超过50℃/s后，如图3-7h和i所示，微观组织全部为板条马氏体，并且冷却速度越大，马氏体组织越致密。

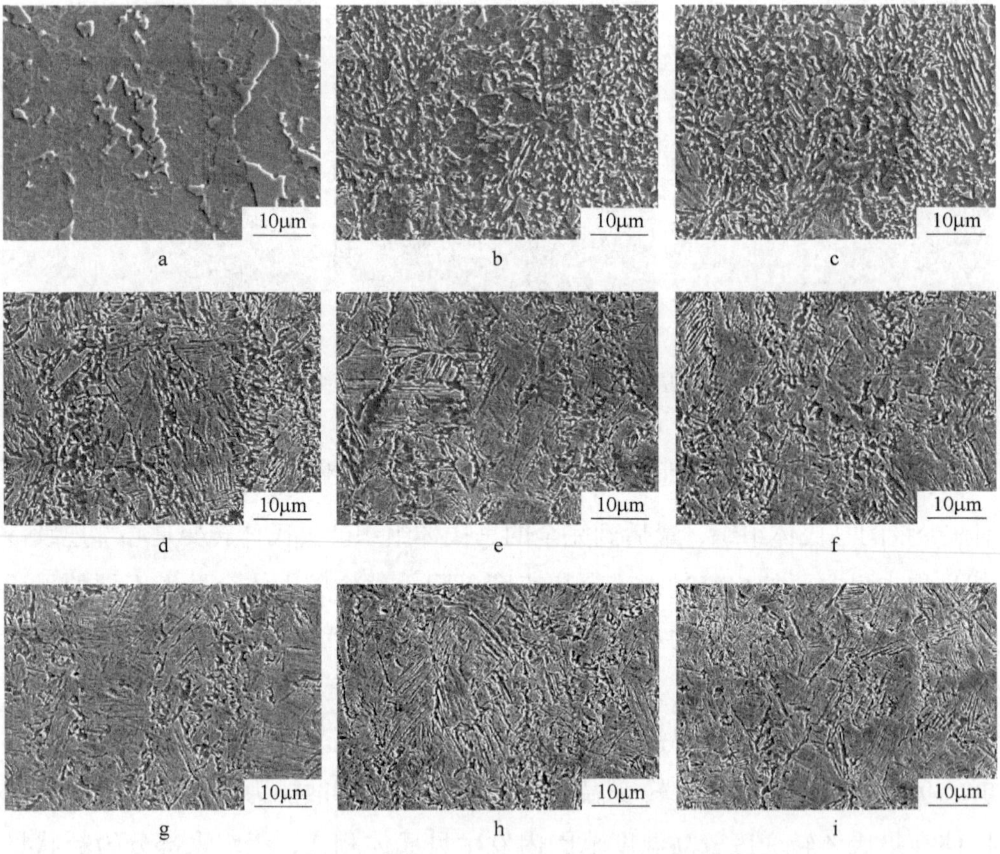

图3-7 心部在不同连续冷却速度下相变后组织SEM照片

a—1℃/s；b—5℃/s；c—10℃/s；d—20℃/s；e—30℃/s；f—40℃/s；g—50℃/s；h—60℃/s；i—80℃/s

3.2.3 连续冷却相变组织的显微硬度

图 3-8 所示为实验钢在不同冷却速度下渗碳层和心部组织的显微硬度。随着冷却速度的增大，渗碳层和心部的显微硬度都随之升高，冷却速度从 1℃/s 增大到 80℃/s 的过程中，心部的硬度由 286HV 提高到 424HV，提高了 138HV，硬度随冷却速度增加而上升的规律与其组织演变规律相符。而渗碳层在冷却速度从 1℃/s 增大到 50℃/s 的过程中，显微硬度从 316HV 上升到 662HV，冷却速度继续增大，显微硬度出现大幅下降的现象，硬度值从 662HV 降低到 578HV。根据对图 3-6 微观组织的分析可知，在冷却速度高于 20℃/s 后，渗碳层显微组织均为针状马氏体形貌，但是随着冷却速度的增大，马氏体开始转变温度和终止转变温度均有所提高，这会导致相变后组织中残余奥氏体含量的提高，由于残余奥氏体这一软相的含量增多，导致组织显微硬度出现明显降低。这一现象也说明渗碳层的显微硬度并不随冷却速度增大而单调增高，在追求渗碳层高硬度的同时，要考虑残余奥氏体含量变化对硬度的影响。

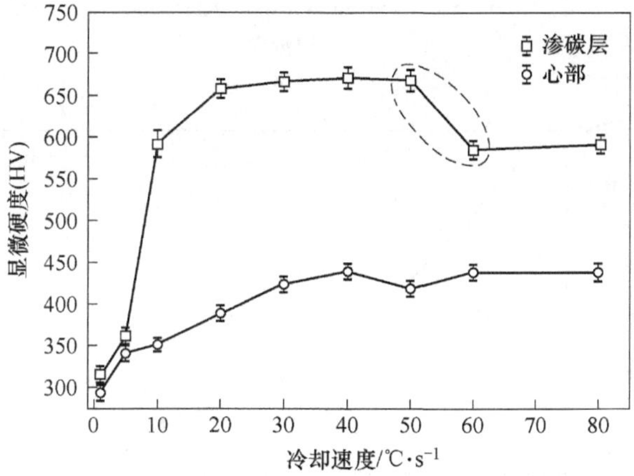

图 3-8　不同冷却速度下渗碳层和心部组织的显微硬度

3.2.4 模拟油冷条件下 M_s 和 M_f 温度点的确定

对渗碳钢来讲，淬火+低温回火是最重要的热处理工序，目的是使奥氏体化后工件获得尽量多的马氏体组织，以获得高的表面硬度和耐磨性以及高强韧的心部性能。因此，选择合理的淬火温度和冷却速度显得至关重要。淬火温度不同，马氏体的转变开始温度（M_s）和终止温度（M_f）不同，获得的马氏体含量以及马氏体性能也不一样。因此，研究淬火温度对M_s和M_f温度的影响对选择合理的淬火温度具有重要的指导作用。

图3-9和图3-10所示分别为实验钢渗碳层和心部在不同奥氏体化温度下模拟油冷淬火条件的温降曲线以及M_s和M_f随淬火温度的变化规律。从图3-9中可以看出，随着淬火温度的升高，渗碳层的M_s不断下降，淬火温度从820℃

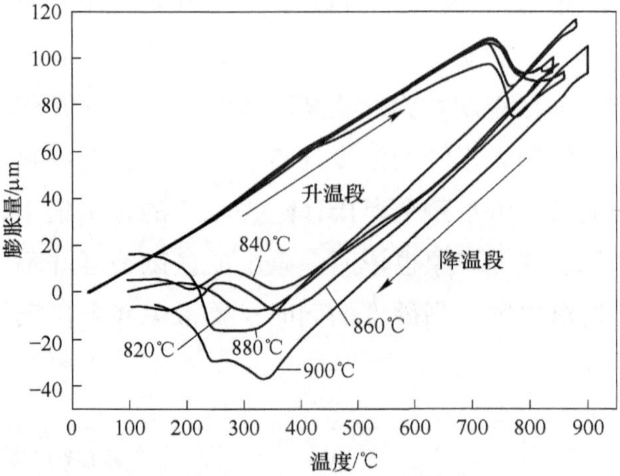

a

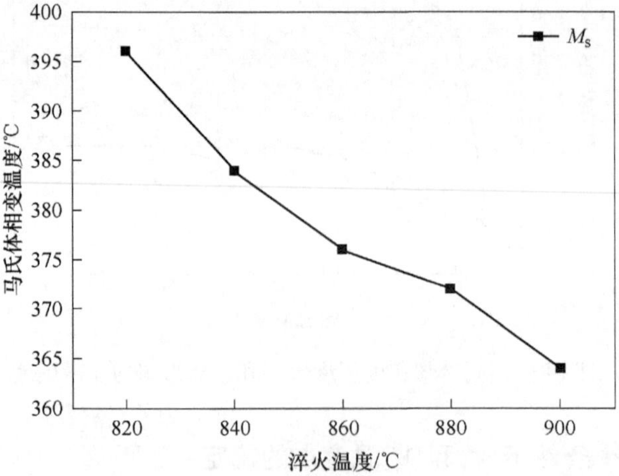

b

图3-9 渗碳层在不同奥氏体温度下淬火时马氏体相变情况

a—不同奥氏体化温度下淬火时温度-膨胀量曲线；b—M_s随淬火温度变化情况

升高到900℃，渗碳层 M_s 从395℃降低到364℃。不同淬火温度对心部的 M_s 和 M_f 也有较大影响，从图 3-10 中可以看出，随着淬火温度的升高，M_s 先升高，在 840℃达到峰值，随后又呈下降趋势；M_f 随着淬火温度的升高呈下降趋势。淬火温度从820℃升高到900℃，心部 M_s 从676℃降低到554℃，M_f 从448℃降低到246℃。

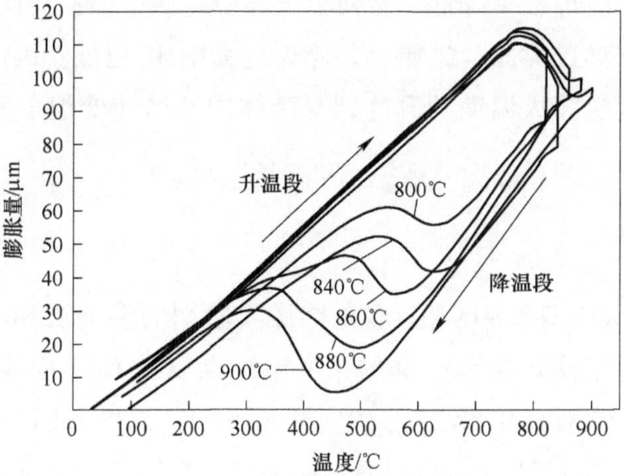

a

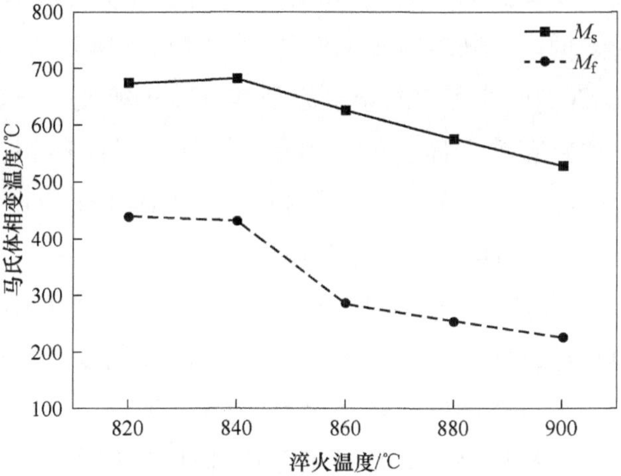

b

图 3-10 心部在不同奥氏体温度下淬火时马氏体相变情况

a—不同奥氏体化温度下淬火时温度-膨胀量曲线；b—M_s 和 M_f 随淬火温度变化情况

马氏体相变温度的高低本质上与过冷奥氏体的稳定性有关，而过冷奥氏体的稳定性的影响因素众多。首先，奥氏体中含碳量越高，马氏体开始转变

温度 M_s 和马氏体终止转变温度 M_f 越低；几乎所有的合金元素溶解于奥氏体中时都会增大过冷奥氏体的稳定性，使 C 曲线右移，并使 M_s 降低，其中 Mn、Cr、Ni 和 Mo 的影响非常明显；V 和 Nb 等强碳化物形成元素能在钢中形成稳定的碳化物，当奥氏体化温度足够高时能够溶于奥氏体中，从而提高奥氏体的稳定性，使 M_s 降低；奥氏体的晶粒越粗大，单位体积内晶界面积越小，从而使奥氏体分解时形核率降低，会使奥氏体稳定性增加；奥氏体化温度越高、保温时间越长，奥氏体晶粒越粗大，淬火过程中 M_s 越低。因此，无论渗碳层和心部组织，随着淬火温度的升高，马氏体的开始转变温度和终止转变温度均逐渐降低。

3.3 本章小结

（1）采用 Bahr DIL 805 相变仪对渗碳实验钢的渗碳层和心部进行了相变行为研究，获得了渗碳层和心部的相变温度点以及 CCT 曲线。心部的 A_{c1} 和 A_{c3} 温度分别为 768℃ 和 838℃，渗碳层的 A_{c1} 和 A_{ccm} 温度分别为 762℃ 和 812℃。

（2）从渗碳层 CCT 曲线可以看出，渗碳层在连续冷却转变过程中的相变产物主要是贝氏体和马氏体。贝氏体的相变区非常窄，当冷却速度大于 5℃/s 后贝氏体相变受到抑制。随着冷却速度的增大，马氏体开始转变温度提高。

（3）从心部 CCT 曲线可以看出，心部连续冷却相变产物较为复杂，不同冷速下相变组织主要有铁素体、贝氏体和马氏体。贝氏体相变是心部重要的相变过程，冷却速度在 1~50℃/s 范围内时，贝氏体相变一直存在；当冷却速度超过 50℃/s 后，贝氏体相变受到抑制。

（4）研究了冷却速率对显微硬度的影响。渗碳层硬度随冷却速度增大呈先升高后降低的趋势，冷却速度为 50℃/s 时，显微硬度达到峰值 662HV；当冷却速度继续增大，显微硬度出现了大幅下降的现象，这主要是由于渗碳层组织中残余奥氏体含量提高。心部硬度随冷却速度的增大而升高，冷却速度从 1℃/s 增大到 80℃/s，心部硬度由 286HV 升高到 424HV。

（5）模拟研究了实验钢渗碳层和心部在不同淬火温度下油冷时 M_s 和 M_f 点的变化规律。随着淬火温度从 820℃ 升高到 900℃，渗碳层的 M_s 点从 395℃ 降低到 364℃；心部 M_s 点从 676℃ 降低到 554℃，M_f 点从 448℃ 降低到 246℃。

4 渗碳轴承钢二次淬火 + 回火工艺研究

渗碳只能改变零件表面的化学成分，渗碳后的热处理才能使渗碳层和心部的组织和性能发生根本的变化，使渗碳层具备高的硬度和耐磨性，同时心部具备高的硬度和强韧性。淬火+低温回火是渗碳后热处理工艺中最重要、用途最广泛的工序，可以显著提高其硬度及耐磨性。淬火是指将钢加热到临界点A_{c3}或A_{c1}以上一定温度，保温一定时间后以大于临界冷却速度的冷速冷却得到马氏体的热处理工艺。淬火的主要目的是使奥氏体化后的工件获得尽量多的马氏体，然后配以不同温度回火获得所需的性能。对于淬火工艺而言，首先必须将钢加热到临界点（A_{c3}或A_{c1}）以上获得奥氏体组织，其后的冷却速度必须大于临界淬火速度，以获得马氏体（含少量残余奥氏体）组织。为此，必须选择适当的淬火温度和冷却速度。

回火是将淬火钢加热到低于临界点A_1的某一温度保温一段时间，使淬火组织转变为稳定的回火组织，然后以适当方式冷却到室温的热处理工艺。淬火后的组织主要是马氏体加残余奥氏体，并且钢中内应力很大。马氏体和残余奥氏体在室温下都处于亚稳定状态，马氏体处于碳过饱和状态，残余奥氏体处于过冷状态，它们都趋于向铁素体加渗碳体（碳化物）的稳定状态转化，但由于在室温下原子扩散能力很低，因此这种转化很困难，回火可促进组织转化，故淬火钢件必须进行回火，以消除或减少内应力，防止变形或开裂，并获得稳定的组织和所需性能。为保证淬火钢件获得所需的组织和性能，必须研究淬火钢件在回火过程中的组织转变，探讨回火钢性能和组织形态之间的关系，获得合理的回火工艺。

因此，本章对 20CrNi2MoV 钢渗碳后热处理工艺进行研究。分析淬火温度和回火温度对实验钢渗碳层和心部组织和力学性能的影响，以获得合理的淬火和低温回火制度。

4.1 实验材料和方法

实验材料为第 2 章制备得到的 20CrNi2MoV 渗碳实验钢。本章主要研究淬火+低温回火的渗碳后热处理工艺对 20CrNi2MoV 钢渗碳层和心部组织和性能的影响。由于实验钢在渗碳后进行了一次淬火，为区别起见，这里的淬火称为二次淬火。

实验工艺的制定主要围绕淬火温度和回火温度的选择。淬火加热温度的选择原则上应以获得均匀细小的奥氏体晶粒为基础，以便淬火后获得细小的马氏体组织。淬火温度主要根据钢的临界点确定。渗碳钢件渗碳层为过共析成分，心部为亚共析成分，亚共析钢通常加热至 A_{c3} 以上 30～50℃，过共析钢加热至 A_{c1} 以上 30～50℃。亚共析钢淬火加热温度若在 A_{c1}～A_{c3} 之间，淬火组织中除马氏体外，还会保留一部分铁素体，使钢的硬度和强度降低。但淬火温度也不能超过 A_{c3} 过高，以防奥氏体晶粒粗化，淬火后获得粗大的马氏体组织。过共析钢的加热温度设定在 A_{c1} 以上 30～50℃是为了获得细小的奥氏体晶粒和保留少量的渗碳体质点，使淬火后得到隐晶马氏体和其上均匀分布的粒状碳化物，从而不但可使钢具有更高的强度、硬度和耐磨性，而且也具有较好的韧性。如果过共析钢淬火加热温度超过 A_{ccm}，碳化物将全部融入奥氏体中，使奥氏体中的含碳量增加，降低钢的 M_s 和 M_f，淬火后残余奥氏体量增加，会降低钢的硬度和耐磨性。

淬火碳钢在回火过程中，随着回火温度的升高，相应地会发生马氏体中碳的偏聚、马氏体的分解、残余奥氏体的分解以及碳化物的转变等。回火温度对马氏体的分解起决定作用，随着回火温度的升高，马氏体中含碳量不断下降，马氏体不断分解为低碳的 α 相和碳化物。一般认为淬火高碳钢在 250～300℃回火时残余奥氏体将会发生分解。碳化物的转变主要取决于回火温度。马氏体分解及残余奥氏体转变形成的 ε-碳化物是亚稳定的过渡相，随着回火温度升高，会逐渐转变为更加稳定的碳化物，如 χ-碳化物和 θ-碳化物等。力学性能也会随着回火温度的变化发生一定的改变，这种变化与显微组织的变化密切相关。

综上所述，根据第 3 章获得的 20CrNi2MoV 钢渗碳层和心部的相变温度点，并结合现场实际生产工艺制度，确定了几组不同的淬火温度和回火温度的热处理制度，工艺路线如图 4-1 所示。工艺参数见表 4-1。采用日本富士 FM-700 显微硬度计测量渗碳层显微硬度分布，载荷为 1000g、加载时间为 6s，同一深度渗碳层测量 6 个点然后取平均值。在渗碳钢心部制取拉伸试样和冲击试样，具体尺寸如图 4-2 所示。拉伸实验在岛津电子拉伸实验机上进行，拉伸速率为 1mm/min，每一个工艺分别测试 3 个平行试样，性能数值取其平均值。

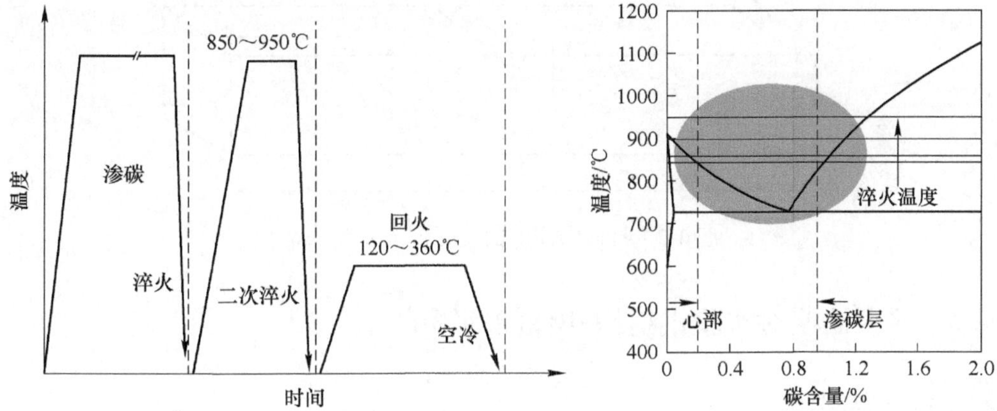

图 4-1 渗碳后热处理工艺示意图

表 4-1 渗碳后热处理工艺参数

试样	淬火温度/℃	淬火保温时间/min	回火温度/℃	回火保温时间/min
1	850	45	180	120
2	880	45	180	120
3	900	45	180	120
4	950	45	180	120
5	900	45	120	120
6	900	45	240	120
7	900	45	280	120
8	900	45	320	120
9	900	45	360	120

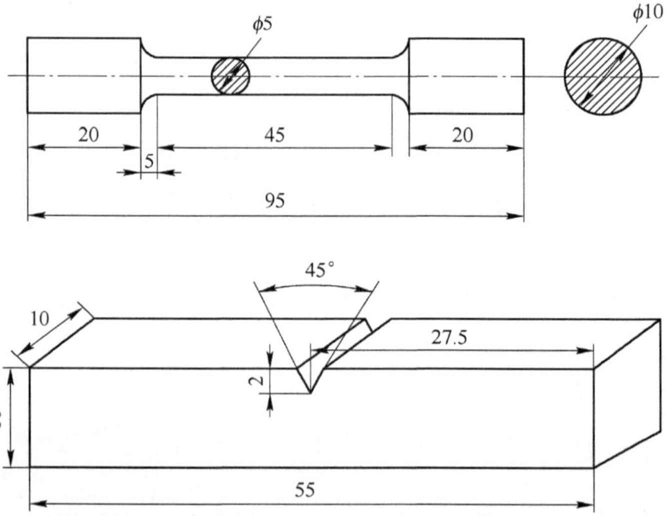

图 4-2 拉伸和冲击试样尺寸（单位 mm）

4.2 淬火温度对实验钢组织和性能的影响

4.2.1 微观组织

图 4-3 所示为不同二次淬火温度下渗碳层的 SEM 照片，可以看出，实验钢在 850~950℃区间淬火时，渗碳层均呈现针状马氏体组织形貌，同时马氏体基体上分布着一定量的碳化物颗粒，如图中箭头所示。所不同的是，随着二次淬火温度的升高，马氏体组织变得粗化，碳化物尺寸也有所增大。从 TEM 形貌照片（图 4-4）中可以明显看到组织的变化。如图 4-4a 所示，在 850℃淬火时，渗碳层组织为细小错杂的针状马氏体，同时组织中有大量的位错缠结，但是孪晶亚结构不明显。而在 900℃淬火时，如图 4-4b 所示，渗碳层组织变得明显粗化，同时组织中孪晶亚结构明显增多。当二次淬火温度升高到 950℃时，如图 4-4c 所示，渗碳层组织更加粗化，孪晶亚结构非常明显，同时碳化物颗粒尺寸不均匀，大的碳化物尺寸超过 0.1μm，而小的碳化物尺寸小于 20nm。通过能谱分析（图 4-4d）可以得知主要是 V 的碳化物。

随二次淬火温度升高，渗碳层组织中的残余奥氏体含量将会发生明显改变。图 4-5 所示为 850℃、880℃、900℃和 950℃等 4 个不同二次淬火温度下渗碳层的 XRD 实验结果，从图 4-5a 的 XRD 衍射图谱可以看出，随着二次淬

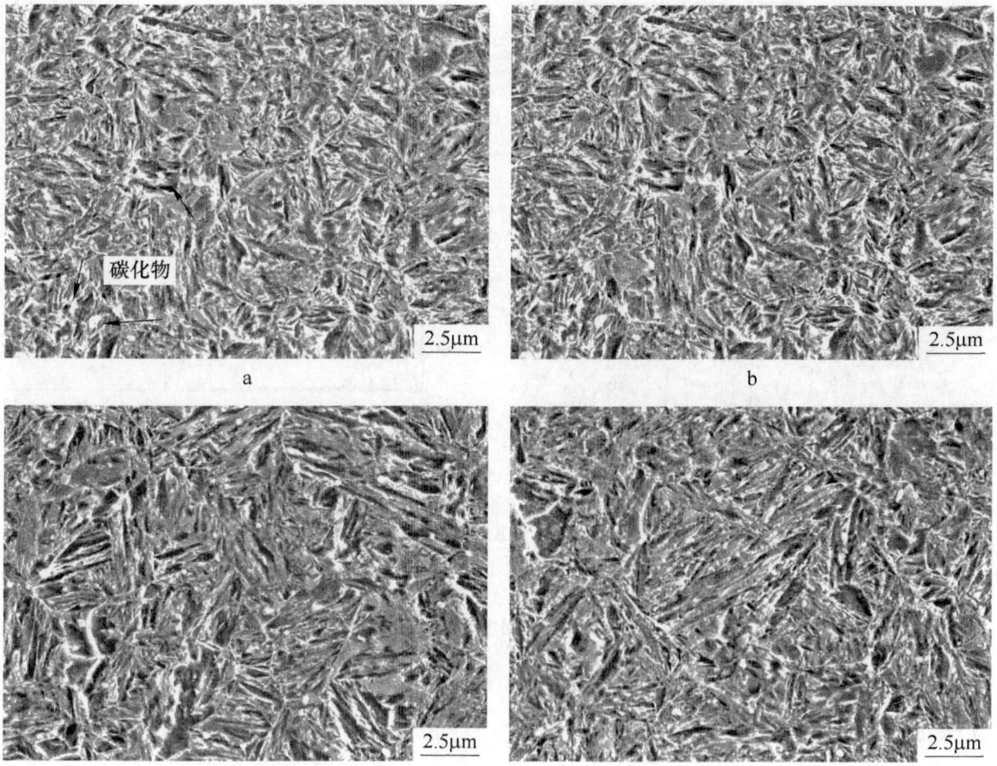

a　b　c　d

图 4-3　不同二次淬火温度下渗碳层 SEM 照片

a—850℃；b—880℃；c—900℃；d—950℃

a　b

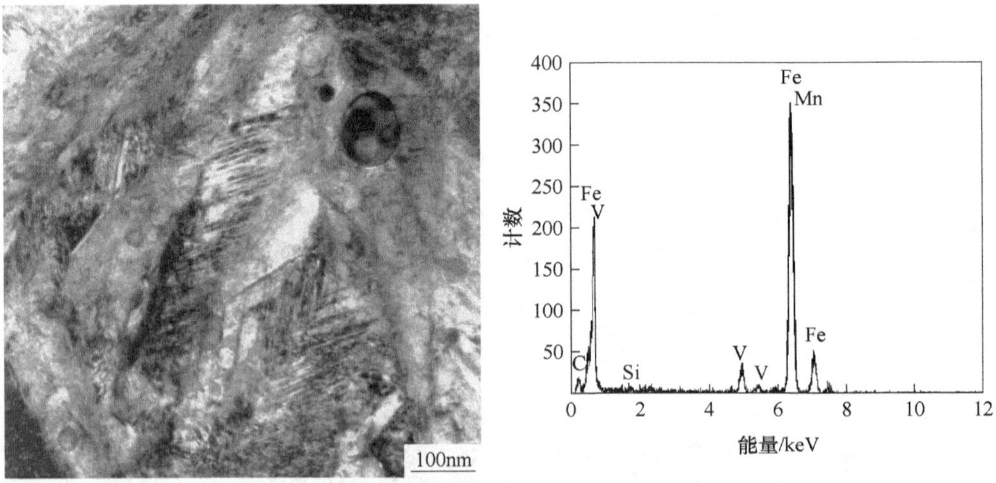

c　　d

图 4-4　不同二次淬火温度下渗碳层 TEM 照片

a—850℃；b—900℃；c—950℃；d—碳化物能谱

火温度的升高，(200)、(220) 及 (311) 等奥氏体晶面衍射峰强度均有所增强，说明组织中奥氏体含量有所增加。根据 X 射线衍射线，计算了不同二次淬火温度下渗碳层中残余奥氏体含量，计算方法同式 (2-1) 相同。图 4-5b 所示为渗碳层中残余奥氏体含量随二次淬火温度的变化曲线，从图中可以看出，随着二次淬火温度升高，渗碳层中残余奥氏体含量逐渐增大，当二次淬火温度为 850℃ 时，残余奥氏体含量为 18.7%，而当二次淬火温度升高到 950℃ 时，残余奥氏体含量高达 26.8%。

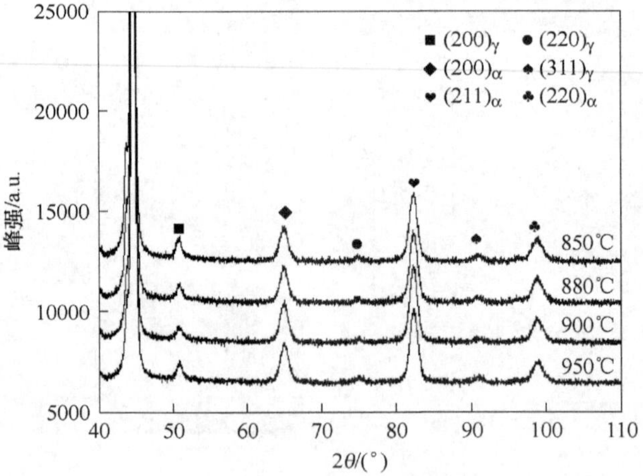

a

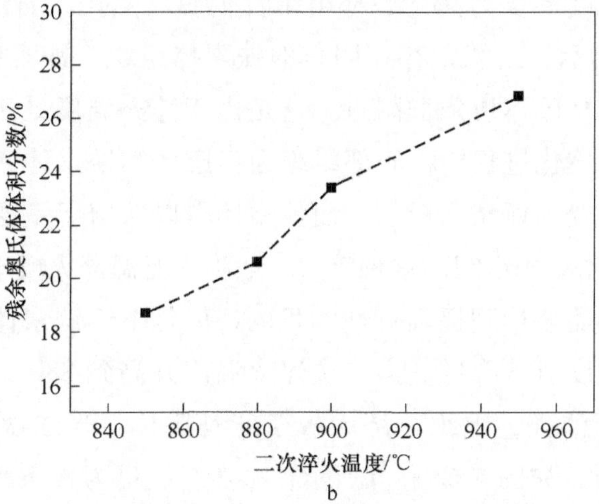

b

图 4-5 不同二次淬火温度下 XRD 衍射图谱及残余奥氏体含量变化情况

a—不同二次淬火温度下 XRD 衍射图谱；b—残余奥氏体含量随二次淬火温度变化情况

图 4-6 所示为实验钢在不同二次淬火温度下心部组织 SEM 照片。可以看

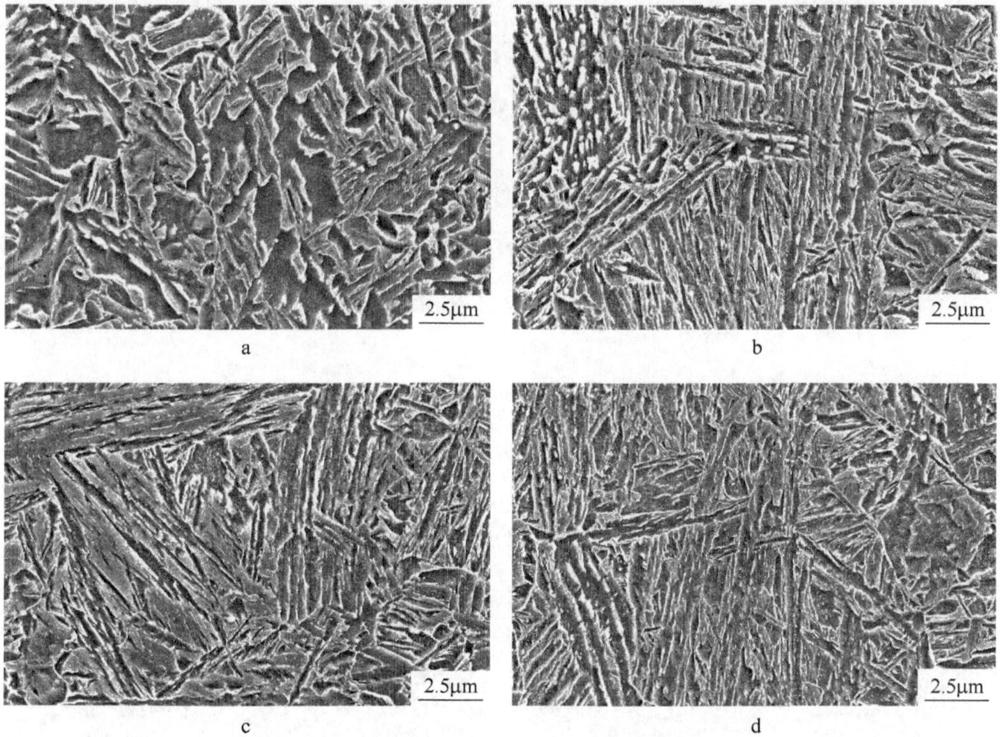

图 4-6 不同二次淬火温度下心部 SEM 照片

a—850℃；b—880℃；c—900℃；d—950℃

出，随着淬火温度逐步升高，心部组织发生明显变化。当淬火温度为 850℃时，如图 4-6a 所示，组织中存在明显的铁素体组织，铁素体含量相对较多，并呈块状分布在马氏体板条群附近。这是由于淬火温度处于心部 A_{c1} 和 A_{c3} 温度之间，在奥氏体化过程中，心部组织为奥氏体和铁素体两相，在随后淬火过程中奥氏体转变为板条马氏体，而铁素体得以保留至室温，因此获得了板条马氏体+铁素体双相组织。这种淬火一般称为亚温淬火或不完全淬火。虽然利用软相铁素体能够达到提高韧性的目的，但是由于铁素体的存在，会导致心部的硬度和强度显著降低。当二次淬火温度升高到 880℃时，如图 4-6b 所示，铁素体组织消失，组织全部为板条状马氏体。当二次淬火温度升高到 900℃和 950℃时，如图 4-6c 和 d 所示，虽然组织仍为板条状马氏体，但是马氏体板条束变得粗大，这主要是由于淬火温度高导致高温下奥氏体晶粒发生粗化，从而使得相变后马氏体板条束也相对粗大。

图 4-7 所示为通过 Lepera 溶液腐蚀得到的不同奥氏体化温度下原奥氏体晶粒，通过晶粒尺寸统计可以得出，850℃、880℃、900℃奥氏体化温度下原奥氏体晶粒尺寸分别为 14. 7μm、15. 9μm、18. 1μm，而在 950℃奥氏体化温度下，原奥氏体晶粒尺寸激增到 21. 2μm。原奥氏体晶粒的粗化直接导致了相变后马氏体板条束的粗大。

图 4-8 所示为不同二次淬火温度下心部组织 TEM 照片，从 TEM 照片中可以清楚地看到板条马氏体形貌及马氏体板条束大小。当二次淬火温度为 850℃时，如图 4-8a 所示，组织中马氏体板条束非常细小，呈现相互交错形

a　　　　　　b

c d

图 4-7 不同奥氏体温度下原奥氏体晶粒形貌

a—850℃；b—880℃；c—900℃；d—950℃

貌，通过超过 5 张不同位置的 TEM 照片分析测量得出板条束宽度约为 1.45μm。随着二次淬火温度的升高，马氏体板条逐渐变宽，在 880℃、900℃、950℃ 下淬火时，如图 4-8b ~ d 所示，马氏体板条束宽度分别为 2.3μm、2.42μm、2.73μm。从 TEM 照片中还可以观察到，板条马氏体中有大量的位错，位错密度很高，并且这些位错分布不均匀，容易形成胞状亚结构，一般称为位错胞（如图中箭头所示），因此板条马氏体也被称为位错马氏体。

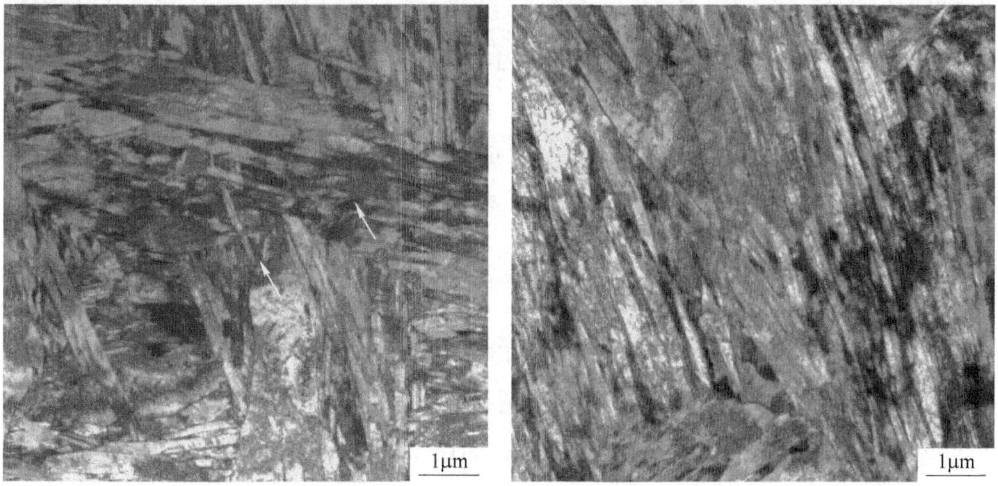

a b

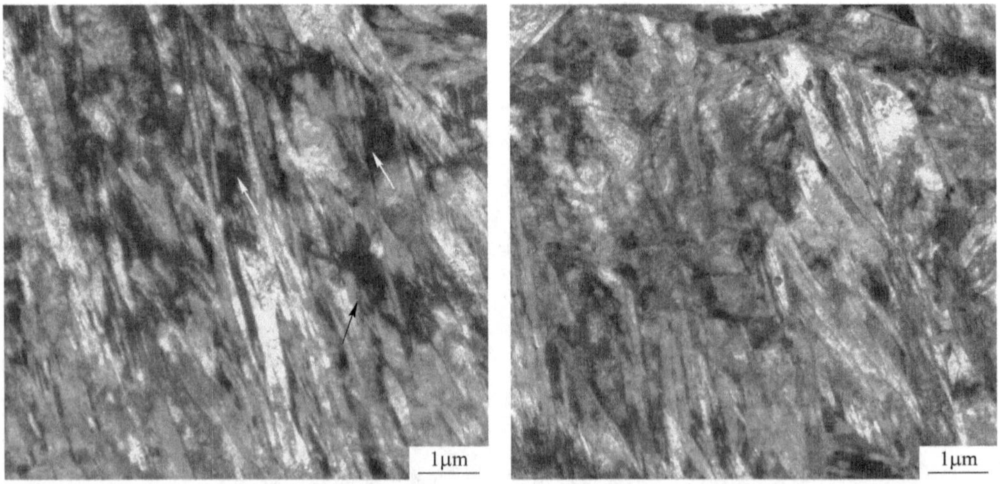

c d

图 4-8 不同二次淬火温度下心部 TEM 照片

a—850℃；b—880℃；c—900℃；d—950℃

马氏体的塑性和韧性主要取决于它的亚结构，试验研究表明[141,142]，在相同屈服强度条件下，位错马氏体比孪晶马氏体的韧性好得多。孪晶马氏体具有高强度，但韧性很差，其性能特点是硬而脆。这是由于孪晶亚结构使滑移系大大减少，以及在回火时碳化物沿孪晶面不均匀析出造成的。首先，孪晶马氏体中含碳量高、晶格畸变大、淬火应力大以及存在高密度显微裂纹也是其韧性差的原因。而位错马氏体中含碳量低，M_s点较高，可以进行自回火，而且碳化物分布均匀；其次，胞状亚结构位错分布不均匀，存在低密度位错区，为位错提供了活动余地，位错的运动能缓和局部应力集中而对韧性有利；此外，淬火应力小，不存在显微裂纹，裂纹也不易通过马氏体条扩展。因此，位错马氏体具有很高的强度和良好的韧性。位错马氏体和孪晶马氏体的这种性能差异正好满足了渗碳轴承钢的性能需求，渗碳层获得孪晶马氏体可保证高硬度和高强度，心部获得位错马氏体可保证高强韧性。

4.2.2 力学性能

图 4-9 所示为不同淬火温度下渗碳层的显微硬度变化情况。从图 4-9a 中可以看出，渗碳层显微硬度值随着距表面距离的增大呈现先升高后缓慢降低的趋势，随着淬火温度的升高，渗碳层显微硬度值降低，渗碳层峰值显微硬度值出现在距离表面约 0. 4μm 处。图 4-9b 所示为渗碳层峰值显微硬度值随二

次淬火温度的变化规律。可以看出，随着二次淬火温度从 850℃ 升高到 950℃，渗碳层峰值硬度值从 870HV 降低到 810HV。二次淬火温度的提高显著地降低了渗碳层的硬度。

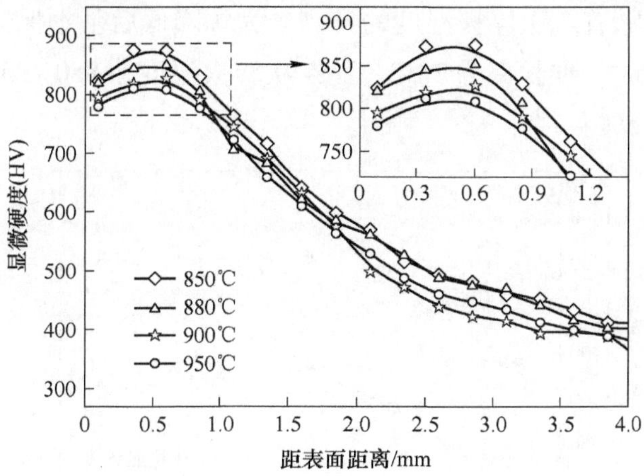

a

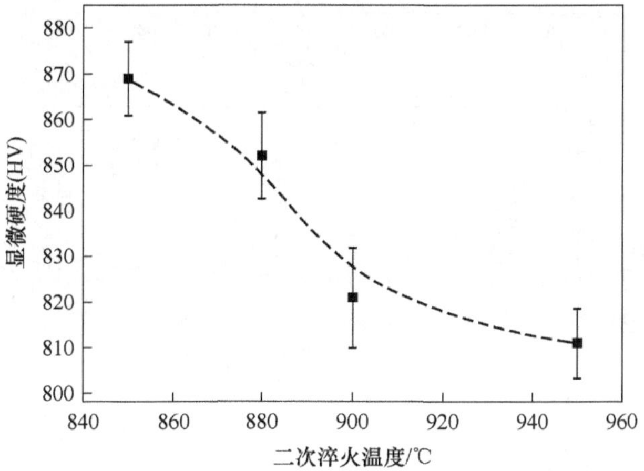

b

图 4-9　不同淬火温度下渗碳层的显微硬度变化情况

a—渗碳层显微硬度值随距表面距离变化情况；b—渗碳层峰值显微硬度变化情况

图 4-10 所示为不同二次淬火温度下实验钢心部的强度和韧性等力学性能变化趋势。如图 4-10a 所示，二次淬火温度从 850℃ 提高到 950℃，实验钢的屈服强度和抗拉强度均呈现先升高后降低的趋势。二次淬火温度从 850℃ 提高到 900℃ 的过程中，实验钢的屈服强度从 794MPa 提高到 1063MPa，抗拉强度从 1073MPa 提高到 1308MPa。而当实验钢二次淬火温度从 900℃ 再提高到 950℃，屈服强度和抗拉强度均有不同程度的降低。实验钢在 950℃ 下淬火时，

屈服强度和抗拉强度分别为 1020MPa 和 1302MPa。图 4-10b 所示为实验钢心部伸长率和冲击功随二次淬火温度的变化曲线，冲击功随着二次淬火温度的升高而逐渐下降，二次淬火温度从 850℃升高到 950℃时，冲击功从 123J 降低到 83J。伸长率随着二次淬火温度的升高先大幅降低后基本保持不变，二次淬火温度为 850℃时，伸长率为 28%，而二次淬火温度在 880~950℃时，伸长率基本保持在 24.5%左右。

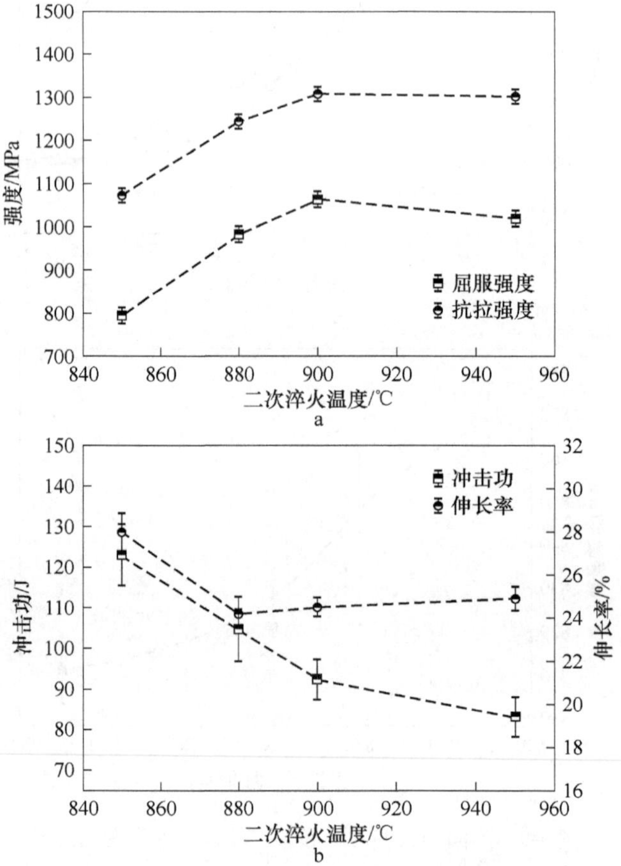

图 4-10 不同二次淬火温度下心部力学性能变化情况

a—心部强度随二次淬火温度变化情况；b—心部塑性和韧性随二次淬火温度变化情况

4.2.3 淬火温度的确定

通过以上分析可知，渗碳层硬度随淬火温度升高逐渐降低，二次淬火温度从 850℃升高到 950℃，渗碳层峰值硬度值从 870HV 降低到 810HV。渗碳层组织主要是孪晶马氏体+残余奥氏体，孪晶马氏体组织力学性能的显著特点是具有高的硬度和强度。孪晶马氏体的硬度主要取决于其含碳量，其硬度随含碳量的增加而增高。随着淬火温度的升高，奥氏体中溶解的碳含量增多，淬火后得到的马氏体组织含碳量也相对升高，不同二次淬火温度下渗碳层组织TEM照片（图4-6）显示，随着淬火温度升高，组织中孪晶亚结构增多，证明马氏体中含碳量增多。但含碳量的增加会导致淬火后组织中残余奥氏体含量的增加，反而会导致硬度的下降。随着二次淬火温度升高，渗碳层中残余奥氏体含量逐渐增大，二次淬火温度从850℃升高到950℃时，残余奥氏体含量从18.7%增加到26.8%。因此，综合以上分析可以得出，孪晶马氏体基体硬度升高、马氏体组织粗大以及残余奥氏体含量增多等因素综合作用，导致了渗碳层硬度随淬火温度升高逐渐降低。

随着淬火温度升高，心部的屈服强度和抗拉强度基本保持同步增加，这主要是由于淬火温度的提高减少了组织中软相铁素体的含量。当淬火温度较低时，淬火后组织为板条状马氏体和铁素体的双相组织，铁素体具有良好的塑性，因此当淬火温度为850℃时具有良好的塑性。首先马氏体由于淬火后晶体内固溶碳含量高，淬火后具有强度高脆性大的特点，因此，随着淬火温度的提高组织中马氏体含量增大，心部的强度增大而塑性变差；其次，随着二次淬火温度的升高，Cr、Mo、Nb和V的碳化物会随之溶解，奥氏体中碳含量和合金度随之升高，淬火后合金元素过饱和度与马氏体中的碳均增大，低温回火时碳化物析出数量也随之增加，因此强度随之提高；此外，马氏体板条群尺寸越小，马氏体强度越高，这是由于马氏体相界面阻碍位错运动造成的。图4-11所示为不同二次淬火温度下原奥氏体晶粒尺寸与马氏体板条束尺寸之间的关系。可以看出，随着二次淬火温度的升高奥氏体晶粒尺寸增大，淬火后的板条马氏体束尺寸也相应增大。板条马氏体束尺寸与Hall-Petch关系中晶粒的尺寸类似。所以，原奥氏体晶粒越细小，马氏体强度越高。综上所述，随着二次淬火温度的升高，一方面奥氏体中碳及合金元素含量提高，淬火后合金元素过饱和度与马氏体中的碳均增大，低温回火时碳化物析出数量也随之增加；另一方面，奥氏体晶粒尺寸随着二次淬火温度的升高而增大，淬火后的板条马氏体束尺寸也相应增大。前者使实验钢的强度提高，后者使实验钢的强度降低。显然前者的强化效果要高于后者。综合作用的结果是随着二次淬火温度的提高，实验钢的强度逐渐升高。

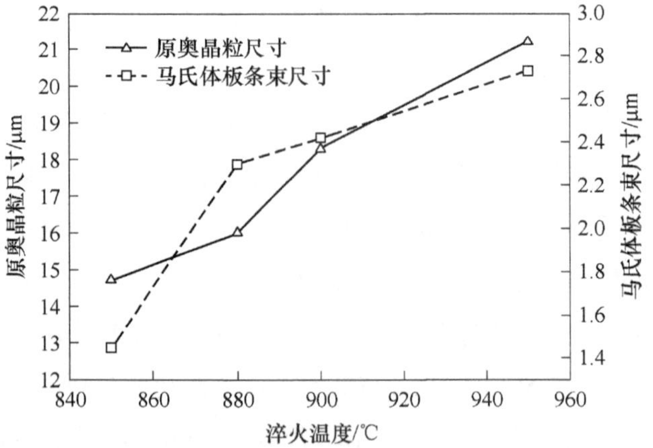

图 4-11 不同二次淬火温度下原奥氏体晶粒尺寸与马氏体板条束尺寸之间的关系

4.3 回火温度对实验钢组织和性能的影响

4.3.1 微观组织

渗碳层在二次淬火后不同回火温度下的 SEM 照片如图 4-12 所示。当实验钢在 120℃ 回火时，如图 4-12a 所示，组织主要是针状马氏体和少量的残余奥氏体。由于回火温度较低，回火过程中仅发生了碳原子的偏聚，因此马氏体基本保留了淬火状态。马氏体中过饱和的碳原子处于体心立方晶格扁八面体间隙位置，使晶体产生很大的晶格畸变，处于受挤压状态的碳原子有从晶格间隙位置脱溶出来的自发趋势，由于回火温度较低，铁原子和合金元素难以进行扩散迁移，碳原子会向位错线和孪晶亚结构附近偏聚，形成小的富碳区。当回火温度提高到 180℃时，如图 4-12b 所示，马氏体晶界开始变得模糊，同时基体上细小的碳化物颗粒开始增多，说明马氏体开始发生分解。随着回火温度继续升高，组织中的碳化物明显增多，针状马氏体形貌消失，如图 4-12e 和 f 所示。高碳马氏体回火过程中碳化物的析出主要取决于回火温度，当回火温度高于 150℃时，马氏体中碳原子偏聚区的碳原子开始发生有序化，继而转变为碳化物，从过饱和固溶体中析出。

渗碳层组织随回火温度的升高会发生马氏体的分解和残余奥氏体的转变。本节采用 X 射线衍射法测定了渗碳层中残余奥氏体含量随回火温度的变化情况，图 4-13 所示为不同回火温度下渗碳层 XRD 实验结果。

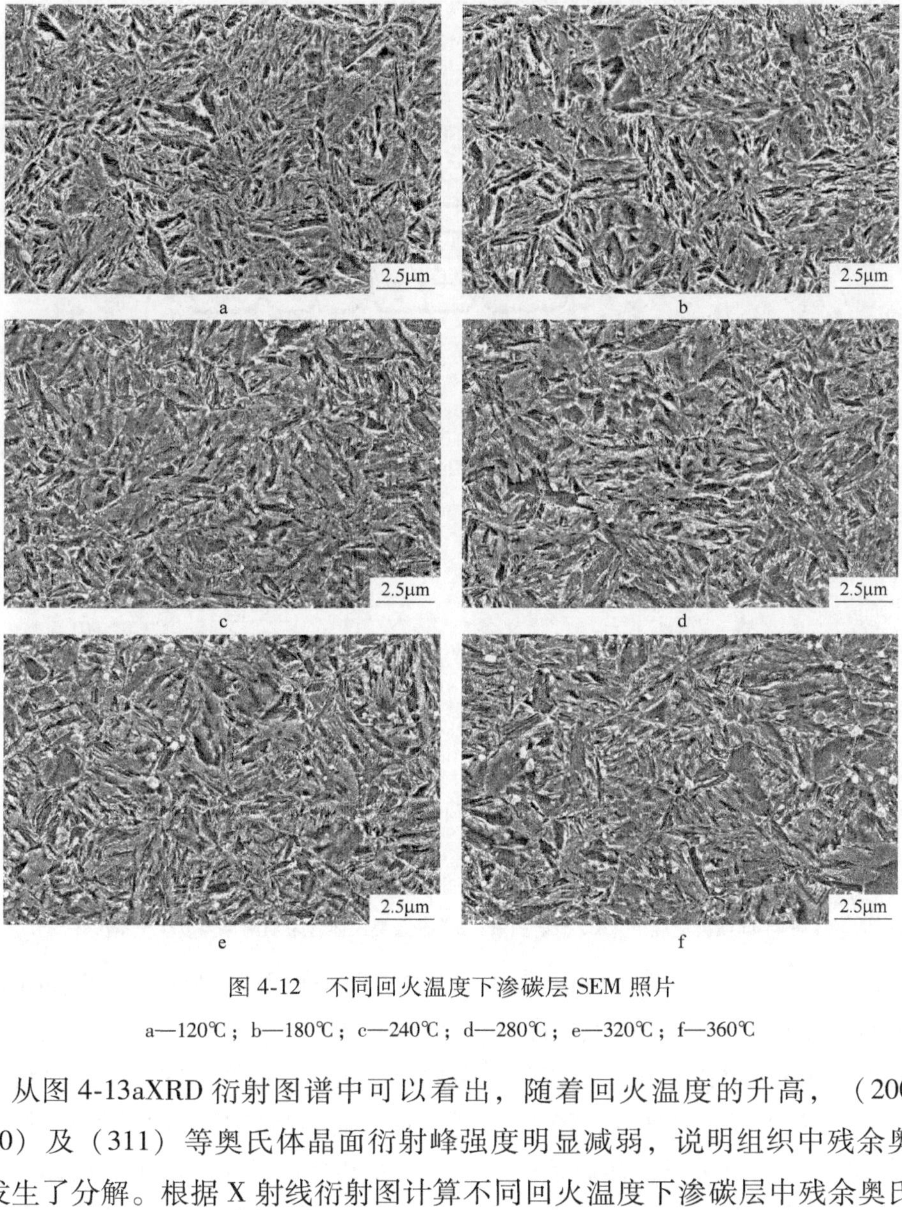

图 4-12 不同回火温度下渗碳层 SEM 照片

a—120℃；b—180℃；c—240℃；d—280℃；e—320℃；f—360℃

从图 4-13aXRD 衍射图谱中可以看出，随着回火温度的升高，（200）、（220）及（311）等奥氏体晶面衍射峰强度明显减弱，说明组织中残余奥氏体发生了分解。根据 X 射线衍射图计算不同回火温度下渗碳层中残余奥氏体含量，计算方法与式（2-1）相同。从图 4-13b 计算所得的渗碳层中残余奥氏体含量随回火温度的变化曲线可以看出，随着回火温度升高，渗碳层中残余奥氏体含量逐渐降低，当回火温度为 120℃时，残余奥氏体含量为 24.2%；而当回火温度升高到 360℃时，残余奥氏体含量仅为 6.1%。

图 4-14 所示为实验钢心部组织在不同回火温度下 SEM 照片。图 4-14a 所示

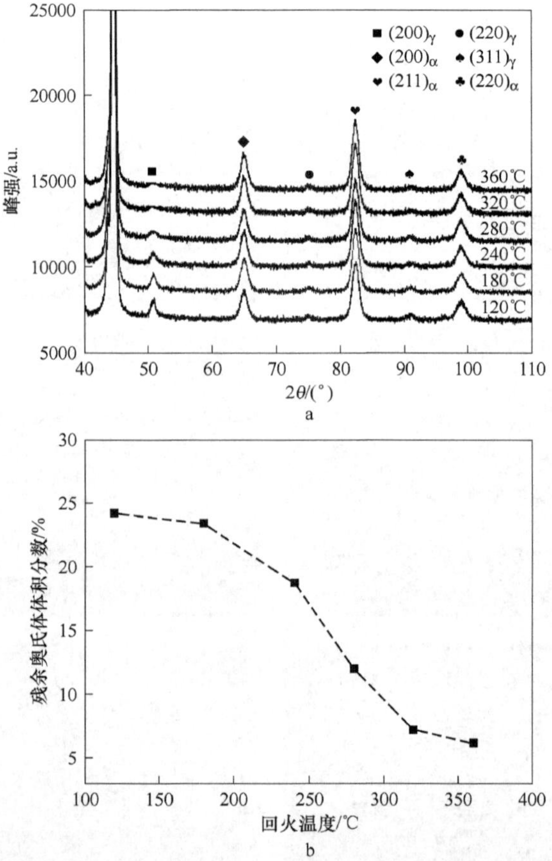

图 4-13　不同回火温度下 XRD 衍射图谱及残余奥氏体含量变化情况

a—不同回火温度下 XRD 衍射图谱；b—残余奥氏体含量随回火温度变化情况

为 120℃回火下组织形貌。可以看出，组织主要是板条状马氏体和少量亮白色的薄膜状残余奥氏体，马氏体的相界轮廓较清晰，一个原奥氏体晶粒被分割为不同晶粒取向的马氏体亚结构，亚结构间相互交错，亚结构内板条束呈现平行排列。图 4-14b 所示为实验钢经 180℃低温回火后心部组织。可以看出组织主要为回火马氏体，部分马氏体板条束发生了回复和多边形化。低碳马氏体在低温回火后经过碳和间隙元素的扩散、聚集和重新分布，位错密度降低，板条边界逐渐消失。从图 4-14c、d 和 e 可以看出，随回火温度的逐渐升高，马氏体板条束回复愈加充分，板条界面经原子间相互扩散、聚集、合并和重组，相界面变得模糊，亚结构更加粗化。当回火温度升高到 360℃，如图 4-14f 所示，部分马氏体板条相界消失，说明部分马氏体板条发生了充分的回复，马氏体经过过饱和碳原子的扩散和脱溶分解，逐渐由非平衡组织向亚平衡组织演变。

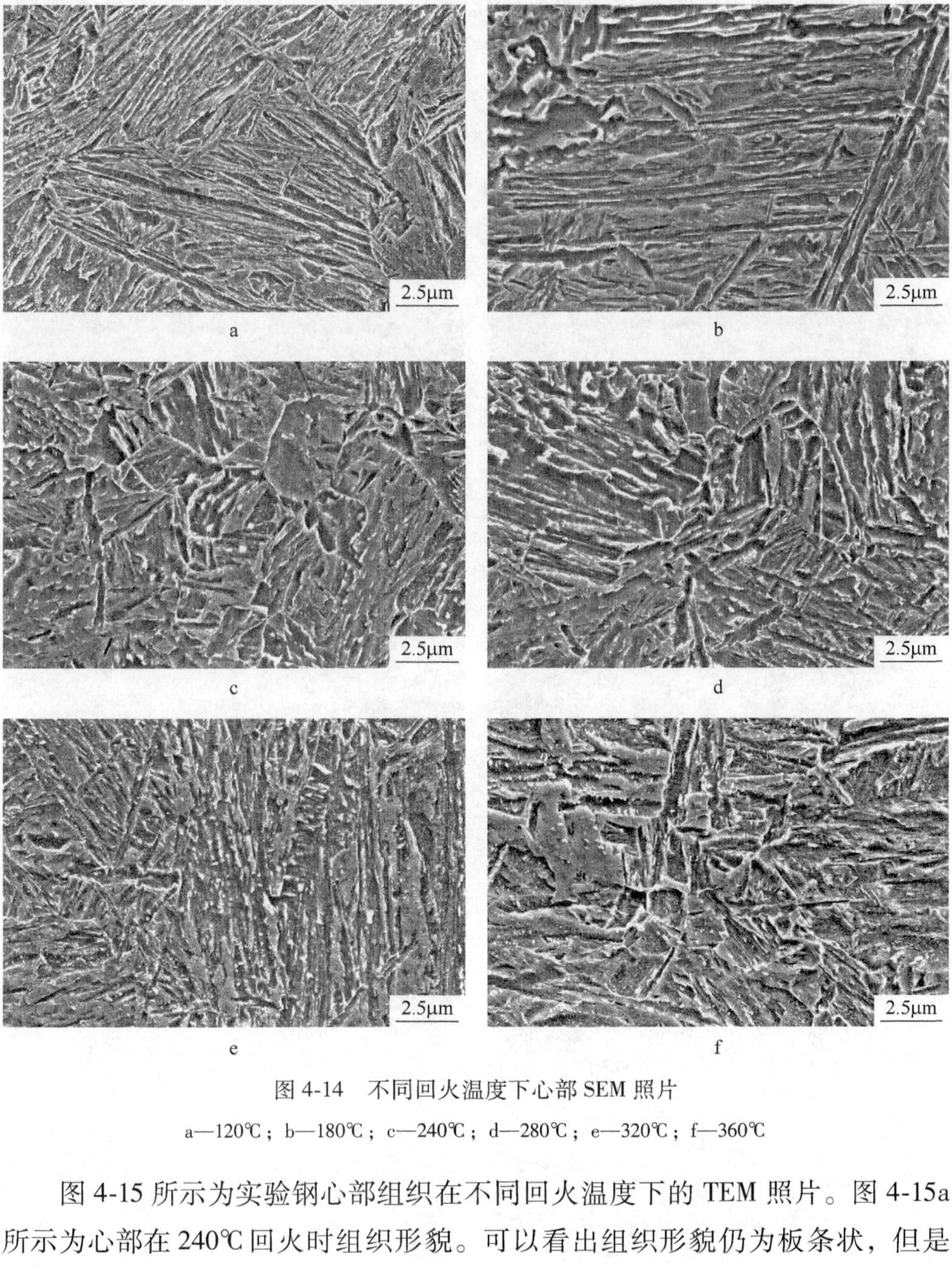

图 4-14 不同回火温度下心部 SEM 照片

a—120℃；b—180℃；c—240℃；d—280℃；e—320℃；f—360℃

图 4-15 所示为实验钢心部组织在不同回火温度下的 TEM 照片。图 4-15a 所示为心部在 240℃ 回火时组织形貌。可以看出组织形貌仍为板条状，但是板条界不清晰，基体中弥散分布着细小的碳化物颗粒。这种组织形态即为马氏体分解后的产物，称为回火马氏体。如图 4-15b 所示，碳化物弥散均匀分布在马氏体基体上，尺寸约为 15~20nm。已有文献指出[143~145]，这种在低温

下由马氏体分解产生的碳化物为 ε-碳化物。ε-碳化物具有密排六方晶体结构，与母相之间有共格关系，并保持一定的结晶学位向关系。但是 ε-碳化物是一种亚稳定的过渡相，随着回火温度的升高，会向稳定碳化物转变。图 4-15c 所示为心部在 320℃ 回火时的组织形貌，可以看出马氏体板条轮廓更为模糊，与图 4-15a 比较，马氏体板条间残余奥氏体基本消失，说明在此温度下回火时，淬火马氏体和残余奥氏体均发生了不同程度的分解。

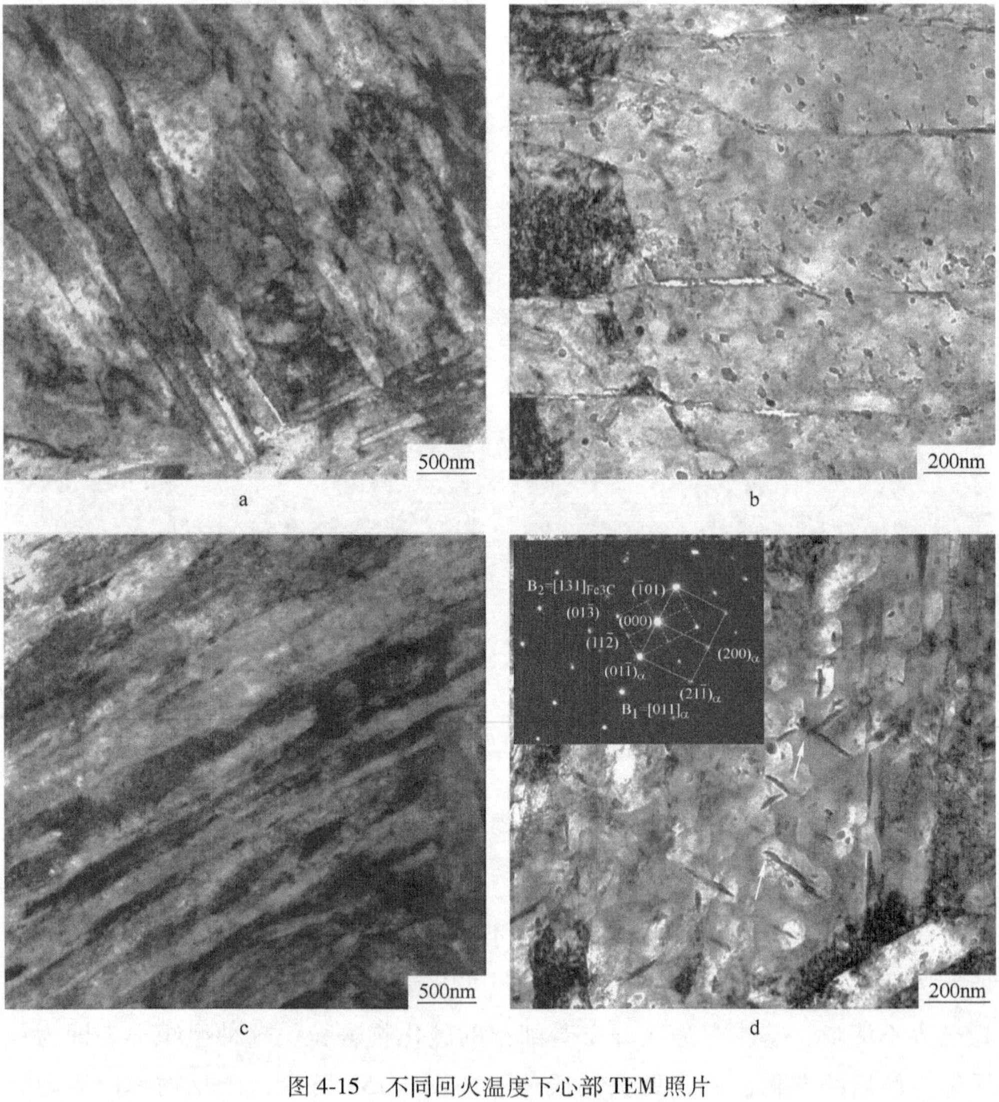

图 4-15　不同回火温度下心部 TEM 照片

a，b—240℃；c，d—320℃

图 4-15d 所示为心部在 320℃ 回火后基体中的碳化物析出情况。可以看出，析出碳化物尺寸、形貌和数量与在 240℃ 下相比有很大差异。首先球状碳化物数量减少且尺寸有所增加；其次马氏体界面处析出大量薄壳状碳化物，如图 4-15d 中箭头所示，此薄壳状碳化物尺寸较大，长度有 200~220nm，厚度 15~20nm。从如图 4-15d 中衍射斑点标定可以确定，此薄壳状碳化物应为 θ-碳化物，即为渗碳体。这种薄壳状碳化物的存在，会大大弱化基体界面直接结合力，降低晶界的断裂强度，很容易成为裂纹扩展的路径，因而导致脆性断裂。

4.3.2 力学性能

图 4-16 所示为实验钢渗碳层显微硬度随回火温度的变化情况。可以看出，渗碳层硬度变化总的趋势是随着回火温度的提高，硬度不断下降。回火温度在 240℃ 以下时，硬度下降趋势较为平缓，硬度值仍保持在 820HV 以上；而当回火温度高于 240℃ 后，硬度值呈直线下降，当回火温度升高到 360℃ 时，渗碳层显微硬度降低到 764HV。

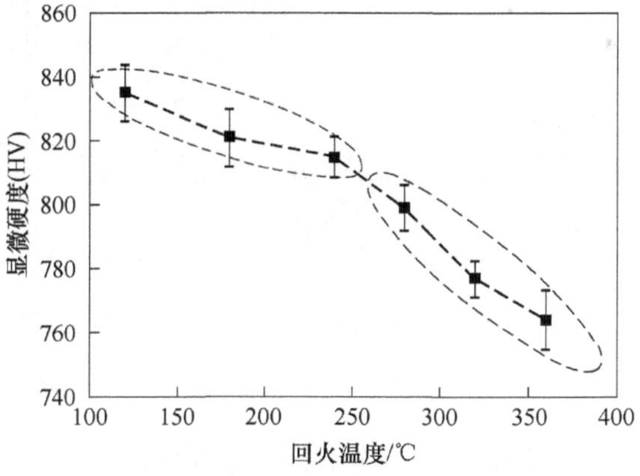

图 4-16 渗碳层显微硬度随回火温度变化情况

实验钢心部的力学性能随回火温度的变化情况如图 4-17 所示。从图 4-17a 中可以看出，随着回火温度的升高，心部屈服强度和抗拉强度呈现先升高后下降的趋势。屈服强度在 240℃ 达到峰值 1100MPa，抗拉强度在 180℃ 达到峰值 1305MPa。当回火温度超过 280℃ 后，屈服强度和抗拉强度开始急剧下降；当回火温度升高到 360℃ 时，心部屈服强度和抗拉强度分别降低到 1056MPa 和 1113MPa。

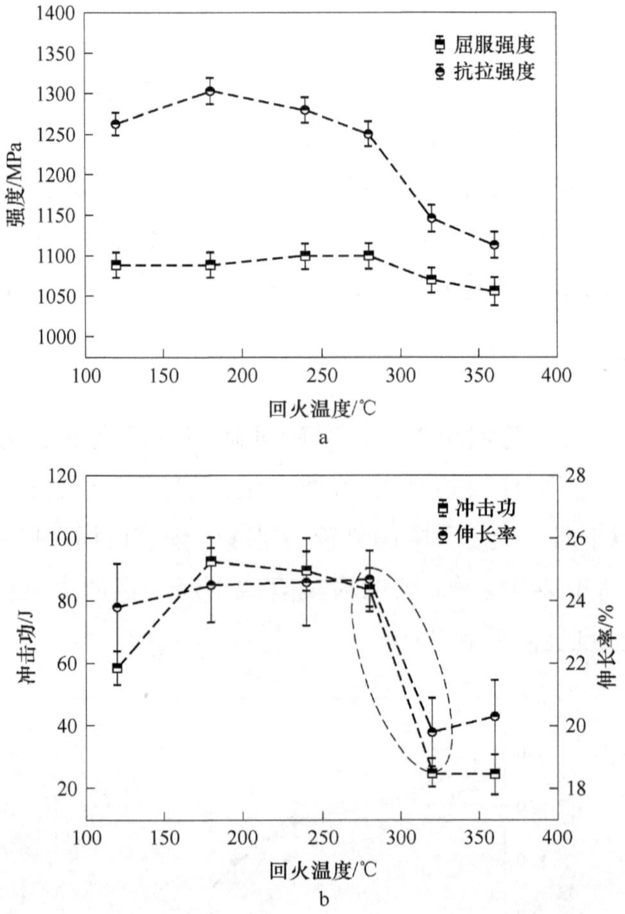

图 4-17　不同回火温度下心部力学性能变化情况

a—心部强度随回火温度变化情况；b—心部塑性和韧性随回火温度变化情况

图 4-17b 所示为心部冲击功和伸长率随回火温度变化情况。可以看出，在 120~280℃低温阶段回火时，心部的伸长率和冲击功均随回火温度升高而不断升高。但当回火温度超过 280℃后，心部冲击功和伸长率数值出现断崖式下降趋势。冲击功的表现尤为明显，在回火温度为 280℃时，冲击功为 84J；而回火温度为 320℃时，冲击功降低到 25J。在回火过程中冲击韧性出现显著脆化的现象叫做钢的回火脆性。一般将淬火钢在 250~400℃温度范围内出现的回火脆性叫第一类回火脆性，也叫低温回火脆性。这种现象是由于马氏体分解时沿马氏体条或片的界面析出断续的薄壳状碳化物，降低了晶界的

断裂强度，使之成为裂纹扩展的路径，因而导致脆性断裂。当继续提高回火温度，由于析出的碳化物聚集和球化，可能会改善脆化界面状态而使钢的韧性重新恢复或提高。

4.3.3 回火温度的确定

淬火钢回火时，力学性能随回火温度的变化而发生一定的改变，这种变化与显微组织的变化有着密切关系。淬火马氏体本质上是碳在 α-Fe 中的过饱和的间隙固溶体，马氏体中过饱和的碳原子处于体心立方晶格扁八面体间隙位置，使晶体产生很大的晶格畸变。回火过程的实质就是过饱和的 α 固溶体的脱溶过程，处于受挤压状态的碳原子有从晶格间隙位置自发脱溶出来的趋势，这个过程受 α 中 Cr、Mo、V 等合金元素的扩散控制。但是在 120℃ 温度回火时，铁原子和合金元素难以进行扩散迁移，碳原子只能作短距离的扩散迁移。心部板条马氏体存在大量位错，碳原子倾向于偏聚在位错线附近的间隙位置，形成碳的偏聚区，降低马氏体的弹性畸变能。渗碳层中针状马氏体的亚结构主要为孪晶，除少量碳原子向位错线偏聚外，大量碳原子将向垂直于马氏体 c 轴的（100）面聚集，形成小的片状富碳区。当温度超过 120℃时，马氏体开始发生分解，碳原子偏聚区的碳原子将发生有序化，继而转变为碳化物从过饱和 α 固溶体中析出。回火温度对马氏体的分解起决定作用，渗碳层组织中马氏体分解后形成低碳 α 相和弥散 ε-碳化物组成的回火马氏体。在低温回火时，由于温度较低，碳原子活动能力低，故 ε 碳化物只能在马氏体晶内形核析出。渗碳层 XRD 结果表明，当回火温度高于 220℃ 后，渗碳层中残余奥氏体含量开始下降，说明随着回火温度的升高，残余奥氏体开始发生转变。这一现象也在 TEM 照片中得到印证，残余奥氏体分解为 α 相和 ε 碳化物的混合组织。马氏体分解和残余奥氏体转变形成的 ε-碳化物是亚稳定的过渡相。但回火温度继续升高，ε-碳化物会转变为更稳定的渗碳体。

通过观察渗碳层硬度与回火温度的变化曲线可以看出，硬度随回火温度升高虽整体呈下降趋势，但是在 240℃ 以下回火时，硬度下降趋势较为平缓；而高于 240℃ 回火硬度呈直线下降，这种变化与显微组织的变化有密切联系。这是在回火温度低于 240℃ 时，马氏体分解使得钢的硬度下降及残余奥氏体转变使得钢的硬度升高两方面因素综合作用的结果。当回火温度高于 240℃

时，由于渗碳体与母相的共格关系破坏以及渗碳体的聚集长大造成渗碳层硬度呈直线下降。

钢材的强化方式主要有位错强化、固溶强化、析出强化和细晶强化。对于低碳回火马氏体钢来讲，影响其强度的强化方式有位错强化、固溶强化和析出强化。低温回火阶段，对强度有主要影响的是位错强化和固溶强化。强度的变化主要由两方面决定：一方面，随着回火温度的升高，大量的位错由于具有足够的热激活能而发生迁移，相互作用甚至发生抵消，位错密度的急剧降低、基体组织的回复使得马氏体基体软化；另一方面，回火过程中，碳及合金元素通过扩散、形核和析出形成的少量纳米级合金碳化物对强度的提高有一定作用。然而，在120~360℃回火时，心部的抗拉强度和屈服强度均呈下降趋势，如图4-17a所示，由此可知，合金碳化物的析出对强度的提高不足以弥补位错密度降低而导致的强度损失。

从心部的冲击韧性随回火温度变化情况可以看出，在120~280℃低温阶段回火时，冲击功均随回火温度升高而不断升高，当回火温度为280℃时，心部冲击功出现转折点；继续升高回火温度，冲击功开始出现断崖式下降趋势；在回火温度为280℃时，冲击功为84J；而回火温度为320℃时，冲击功降低到25J，表现为脆性断裂。说明20CrNi2MoV钢在280~320℃范围内回火时容易发生低温回火致脆（TME）现象。引起TME的机制主要有两种说法：一是McMahon[146]认为奥氏体化时杂质（P和S等）偏聚在原始奥氏体晶界，回火时析出的渗碳体在原始奥氏体偏聚造成沿晶断裂，但是一些学者[147,148]认为杂质的晶界偏聚并非造成TME的直接原因；二是一些学者[149,150]认为TME是由马氏体条间残余奥氏体分解析出渗碳体及其数量急剧下降、条间解理断裂导致。我国的徐祖耀[151]等在研究淬火0.27%C钢在120~720℃回火时发现，奥氏体分解析出渗碳体的驱动力大于马氏体分解驱动力约一个数量级，但渗碳体自马氏体析出的形核驱动力远大于自奥氏体的析出，长大速率约大两个数量级，孕育期比奥氏体分解的孕育期约小一个数量级。可见在低温短时间回火时，渗碳体先从马氏体内析出，当回火时间较长时，由于奥氏体分解的相变总驱动力较大，以及由于马氏体条间析出渗碳体引起体积收缩，促使条间残余奥氏体分解，出现回火脆性。因此，当不考虑杂质及渗碳体在原始奥氏体晶界的偏聚时，回火马氏体致脆的机制应为两个分解先后互相关联的过程。由图 4-15d 所示的心部在 320℃ 回火的 TEM 形貌可知，在 320℃ 回火时，马氏体基体中的 ε-碳化物明显减少，取而代之的是细长的、分布于马氏体界面处的薄壳状碳化物，经衍射花样测定其为渗碳体。这种渗碳体的存在，会大大弱化基体界面直接结合力，降低晶界的断裂强度，很容易成为裂纹扩展的路径，因而导致脆性断裂。

图 4-18 和 4-19 所示分别为 180℃ 和 320℃ 回火时心部冲击曲线和冲击断口形貌。冲击过程曲线主要有两条：载荷-位移曲线和能量-位移曲线。通过载荷-位移曲线可以看出断裂的三个过程，包括裂纹萌生阶段、裂纹扩展阶段和最终断裂阶段。根据能量-位移曲线可以获得试样在不同断裂阶段吸收的能量。

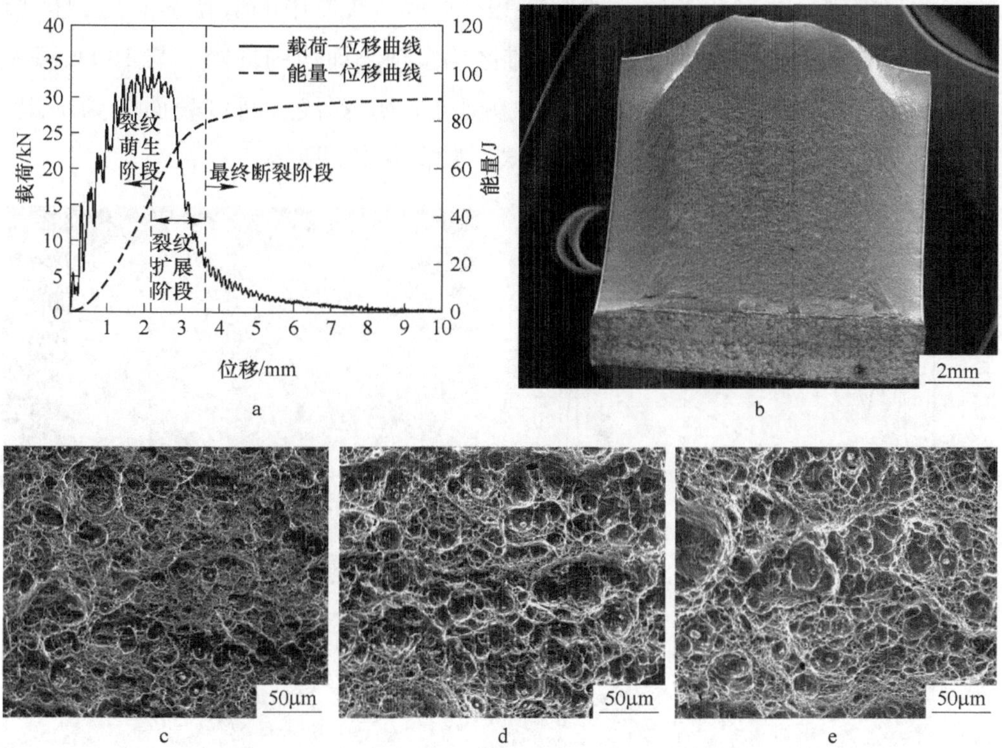

图 4-18　180℃ 回火时心部冲击曲线和冲击断口形貌

a—冲击曲线；b—宏观断口形貌；c—剪切唇微观形貌；d—纤维区微观形貌；e—放射区微观形貌

比较图 4-18a 和图 4-19a 可以发现，180℃ 和 320℃ 回火的试样裂纹萌生阶段有很大差异。180℃ 回火试样裂纹萌生功约为 48J，最大承受载荷约为 34kN；而 320℃ 回火的试样裂纹功仅为 35J，最大承受载荷仅为 21kN。两组试样的裂纹扩展阶段差异更明显。180℃回火试样裂纹扩展阶段载荷-位移曲线下降较为平缓，属于缓慢撕裂的过程，裂纹扩展吸收功约为34J；而320℃回火的试样裂纹扩展阶段的载荷-位移曲线急剧下降，说明断裂是一种突发的脆性断裂过程，几乎没有裂纹扩展吸收功。冲击试样的不同的断裂过程也会在断口中体现。如图4-18b所示，180℃回火试样断裂后的断口为准解理与韧窝的混合形貌，韧窝形貌占整个断口面积的很大比例。分别挑选断口中的剪切唇、纤维区和放射区进行微观断口形貌检测，结果如图4-18c、d和e所示。可以看出，180℃回火后试样冲击断口呈韧窝状，基本没有解理断裂面，说明韧性很好；而从320℃回火试样断裂后的断口可以看出，裂纹基本沿晶界扩展，断口宏观呈放射状条纹，如图4-19b所示。断口中的剪切唇和纤维区形貌如图4-19c和d所示，剪切唇和纤维区均呈现小而浅的韧窝，与180℃回火后冲击试样相同区域比较，韧窝尺寸更小、深度更浅、断口表面更为平坦。放射区微观形貌为明显的沿晶脆性断裂，如图4-19e所示。

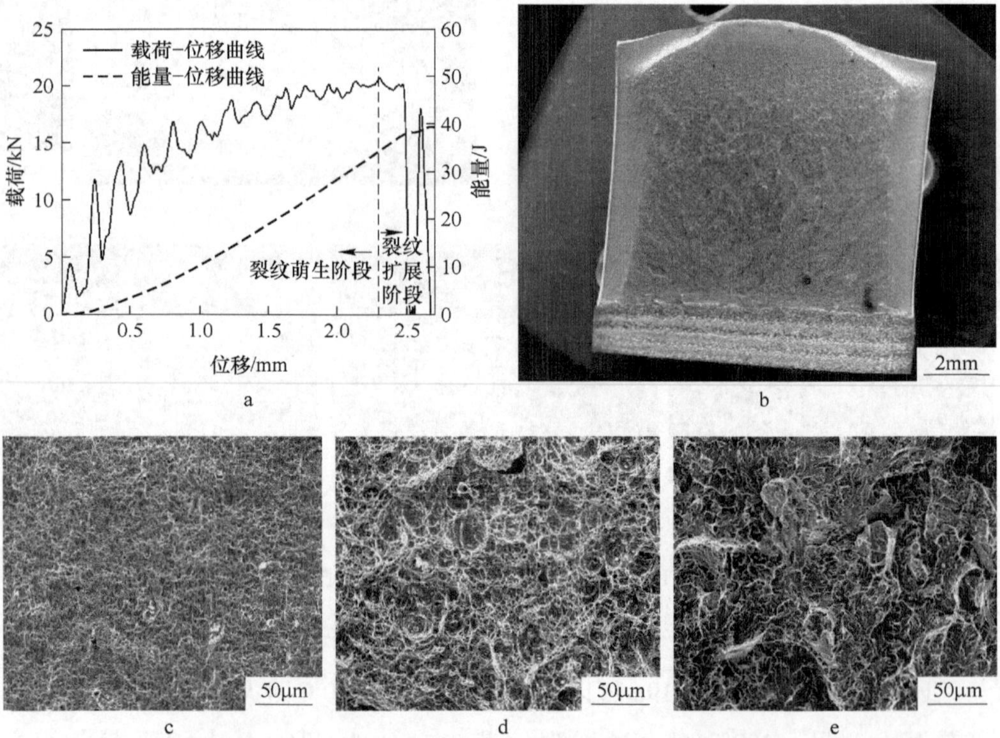

图4-19　320℃回火时心部冲击曲线和冲击断口形貌

a—冲击曲线；b—宏观断口形貌；c—剪切唇微观形貌；d—显微区微观形貌；e—放射区微观形貌

4.4 本章小结

本章研究了渗碳实验钢在850~950℃不同二次淬火温度和120~360℃不同回火温度下渗碳层和心部组织性能的变化，在合理匹配渗碳层和心部组织性能的原则上，确定了合理的二次淬火和低温回火制度。本章主要结论如下：

（1）当二次淬火温度在850~950℃区间时，渗碳层均呈现针状马氏体+大量碳化物颗粒的组织形貌。随着二次淬火温度的升高，渗碳层马氏体组织变得粗化，碳化物尺寸增大，残余奥氏体含量从850℃时的18.7%升高到950℃时的26.8%。马氏体基体固溶碳含量升高、马氏体组织粗大以及残余奥氏体含量增多等因素综合作用，导致渗碳层硬度随淬火温度升高而逐渐降低，二次淬火温度从850℃升高到950℃，渗碳层峰值硬度值从870HV降低到810HV。

（2）当二次淬火温度从850℃提高到950℃时，心部组织从铁素体+板条马氏体逐渐演变为完全的板条马氏体组织。随着二次淬火温度的升高，一方面奥氏体中碳及合金元素含量提高，低温回火时碳化物析出数量随之增加，提高了实验钢的强度；另一方面，原奥氏体晶粒尺寸增大，淬火得到的板条马氏体尺寸也相应增大，降低了实验钢的强度。综合作用的结果是二次淬火温度低于900℃时，前者的强化效果高于后者；二次淬火温度高于900℃时，后者占主导作用。因此，心部屈服强度和抗拉强度均呈现先升高后降低的趋势，二次淬火温度在900℃时，屈服强度和抗拉强度达到峰值分别为1063MPa和1308MPa。心部冲击功随二次淬火温度升高而降低，二次淬火温度从850℃升高到950℃时，冲击功从123J降低到83J。

（3）当回火温度在120~360℃范围内变化时，渗碳层显微硬度变化总的趋势是随着回火温度的提高，硬度不断下降。回火温度在240℃以下时，由于马氏体分解使硬度下降及残余奥氏体转变使硬度升高两方面因素相互抵消，硬度下降趋势较为平缓，硬度值保持在820HV以上。而当回火温度高于240℃后，由于渗碳体与母相的共格关系破坏以及渗碳体的聚集长大，硬度值呈直线下降；同时随着回火温度的升高，心部屈服强度和抗拉强度均呈现先升高后下降的趋势。屈服强度在240℃达到峰值1100MPa。抗拉强度在180℃达到峰值1305MPa。当回火温度超过280℃后，屈服强度和抗拉强度开始下降。心部的伸长率和冲击功在回火温度高于280℃后开始急剧降低，产生了低温回火脆性现象。产生低温回火脆性的主要原因是回火温度高于280℃后，马氏体基体中的ε-碳化物逐渐转变为细长的薄壳状渗碳体并分布于马氏体界面处，大大弱化了基体界面之间的结合力，从而导致脆性断裂。

（4）确定了合理的二次淬火+低温回火制度为：二次淬火温度900℃，保温时间45min，回火温度180℃，回火保温时间不低于2h。获得的力学性能分别为：渗碳层显微硬度825HV；心部屈服强度1089MPa，抗拉强度1305MPa，冲击功92J。

5 渗碳轴承钢二次淬火+深冷处理+回火工艺研究

渗碳实验钢采用合理的二次淬火+低温回火工艺后渗碳层硬度及心部的强度仍没有达到高速铁路轴承用钢的性能要求。造成渗碳层硬度较低的主要原因是二次淬火和低温回火的渗碳层组织中仍保留了大量的残余奥氏体。心部强度较低的原因可能是板条马氏体尺寸较大、析出强化效果不佳、存在一定量的残余奥氏体等。常规的淬火工艺不能将奥氏体全部转变为马氏体。为了尽量减少残余奥氏体含量，获得最大数量的马氏体，提高硬度及强度，最直接的方法就是将淬火后材料继续冷却至更低的温度，继续提供足够的过冷度，使残余奥氏体进一步转变为马氏体，这就需要引入深冷处理工艺。深冷处理是在热处理的基础上发展起来的一种材料改性技术，通过控制升降温速率、深冷处理温度及保温时间等工艺参数使材料的微观组织发生不同程度的不可逆转变，从而当材料恢复到室温时达到改善其宏观性能的目的。目前公认，深冷处理可以有效提高工具钢的硬度、耐磨及疲劳性能，但是深冷处理应用于渗碳轴承钢的研究比较少。本章在渗碳实验钢二次淬火+低温回火热处理的基础上，添加了深冷处理工艺，研究了不同深冷处理对实验钢渗碳层和心部显微组织演变及力学性能的影响。优化了实验钢渗碳后热处理工艺。

5.1 实验材料和方法

实验材料为第 2 章制备得到的 20CrNi2MoV 渗碳实验钢，截取的试样尺寸为 100mm×100mm×22mm。设计的三种不同渗碳后热处理工艺如图 5-1 所示，第一种工艺为二次淬火+低温回火（以下定义为 Q+T 工艺），具体工艺过程为：首先将试样在有氩保护气氛的管式炉中加热至 900℃，保温 45min 后油冷至室温，然后重新加热至 180℃，保温 2h 进行低温回火处理。第二种工艺为二次淬火+−80℃冷处理+低温回火（以下定义为 Q+C80+T 工艺），具体工艺

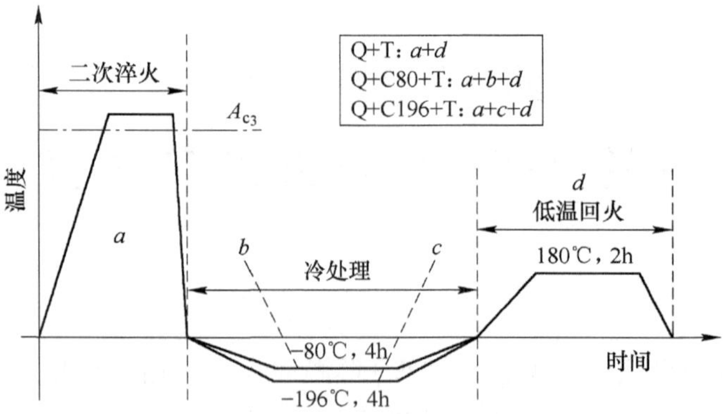

图 5-1 不同冷处理工艺路线

过程为：首先将试样在有氩保护气氛的管式炉中加热至 900℃，保温 45min 后油冷至室温，然后将试样继续缓慢冷却至-80℃并在此温度下保温不低于 3h，随后缓慢升温至室温，最后将试样重新加热至 180℃，保温 2h 进行低温回火处理。第三种工艺为二次淬火+-196℃冷处理+低温回火（以下定义为 Q+C196+T 工艺），具体工艺过程为：首先将试样在有氩保护气氛的管式炉中加热至 900℃，保温 45min 后油冷至室温，然后将试样继续缓慢冷却至-196℃并在此温度下保温不低于 3h，随后缓慢升温至室温，最后将试样重新加热至 180℃，保温 2h 进行低温回火处理。-80℃冷处理的冷却介质为酒精，采用冷冻箱将试样以约 0.02℃/s 的缓慢冷却速度冷却至约-80℃，防止冷速过快导致热冲击裂纹，升温速度控制在约 0.04℃/s。-196℃冷处理的冷却介质为液氮，首先将液氮缓慢通入装有试样的冷冻箱，以约 0.05℃/s 的冷速将温度逐渐降低至约-196℃，随后不断通入液氮使试样在此温度下保温约 3.5h，然后缓慢停止提供液氮，以约 0.05℃/s 的升温速度恢复至室温。

不同热处理工艺后，沿厚度方向切取金相试样，利用 FEI Quant 600 扫描电镜（SEM）对渗碳层和心部组织形貌进行观察。采用日本富士 FM-700 显微硬度计测量渗碳层显微硬度分布，载荷为 1000g，加载时间为 6s，同一深度的渗碳层测量 6 个点然后取平均值。在渗碳钢心部制取拉伸试样和冲击试样，具体尺寸如图 4-2 所示。为了研究冷处理对心部断裂韧性的影响，在渗碳热处理后试样心部制取标准三点弯曲断裂韧性试样，具体尺寸如图 5-2a 所示。试样经磨削后，切出机械缺口，然后在疲劳试验机上预制疲劳裂纹。断裂韧性测试时，把带有预制疲劳裂纹的试样用专门制作的夹持装置在MTS-2300万能材料试验机上，如图5-2b所示，试样的上夹头连接载荷传感器，测量载荷大小。在试样裂纹的两边跨接引伸计，测量裂纹口张开位移。传感器输出的载荷信号及引伸计输出的裂纹张开位移信号经过放大器，分别接到 $x-y$ 记录仪的 y 轴和 x 轴上，从而记录下载荷-裂纹张开位移关系曲线。根据裂纹长度及试样断裂或裂纹失稳扩展时的载荷最终确定试样的平面应变断裂韧性 K_{Ic} 值。

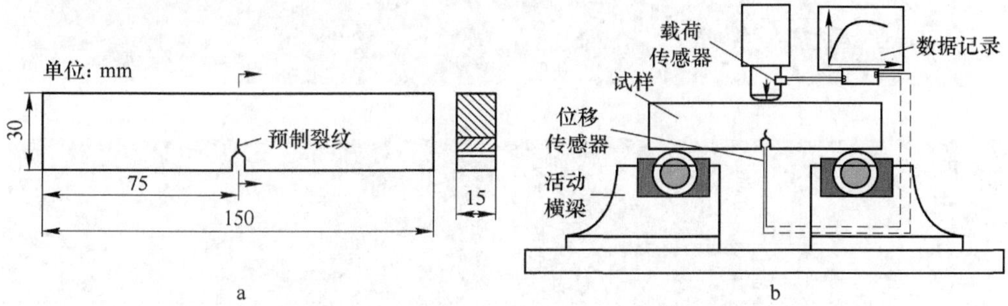

图 5-2 断裂韧性试样尺寸及试验装置示意图

a—断裂韧性试样尺寸；b—断裂韧性实验装置示意

5.2 深冷处理对渗碳层组织和显微硬度的影响

5.2.1 微观组织

图5-3所示为不同热处理工艺下渗碳层组织的SEM照片，从图5-3a和b中可以看出，采用传统的淬火+低温回火工艺后获得回火马氏体组织，回火过程中马氏体针内晶体缺陷增多，在SEM照片下可以发现马氏体内存在大量致密的黑色线条，并有大量弥散碳化物析出，如图5-3b中箭头所指，碳化物尺寸差异较大，大的碳化物尺寸约为0.7μm，细小的碳化物尺寸约为0.1μm。深冷处理使渗碳层显微组织发生了很大变化，在-80℃深冷处理和低温回火后，如图5-3c和d所示，马氏体结构变得相对致密，马氏体针内晶体缺陷明显增多，并有大量微细碳化物析出，这表明马氏体组织在-80℃深冷处理的过程中可能发生了分解。而实验钢在-196℃深冷处理和低温回火后，如图5-3e和f所示，马氏体组织变得更加致密，基体上析出的微细碳化物数量更多，分布更加均匀弥散。

深冷处理引起的针状马氏体内亚单元细化与碳原子偏聚和空位浓度变化

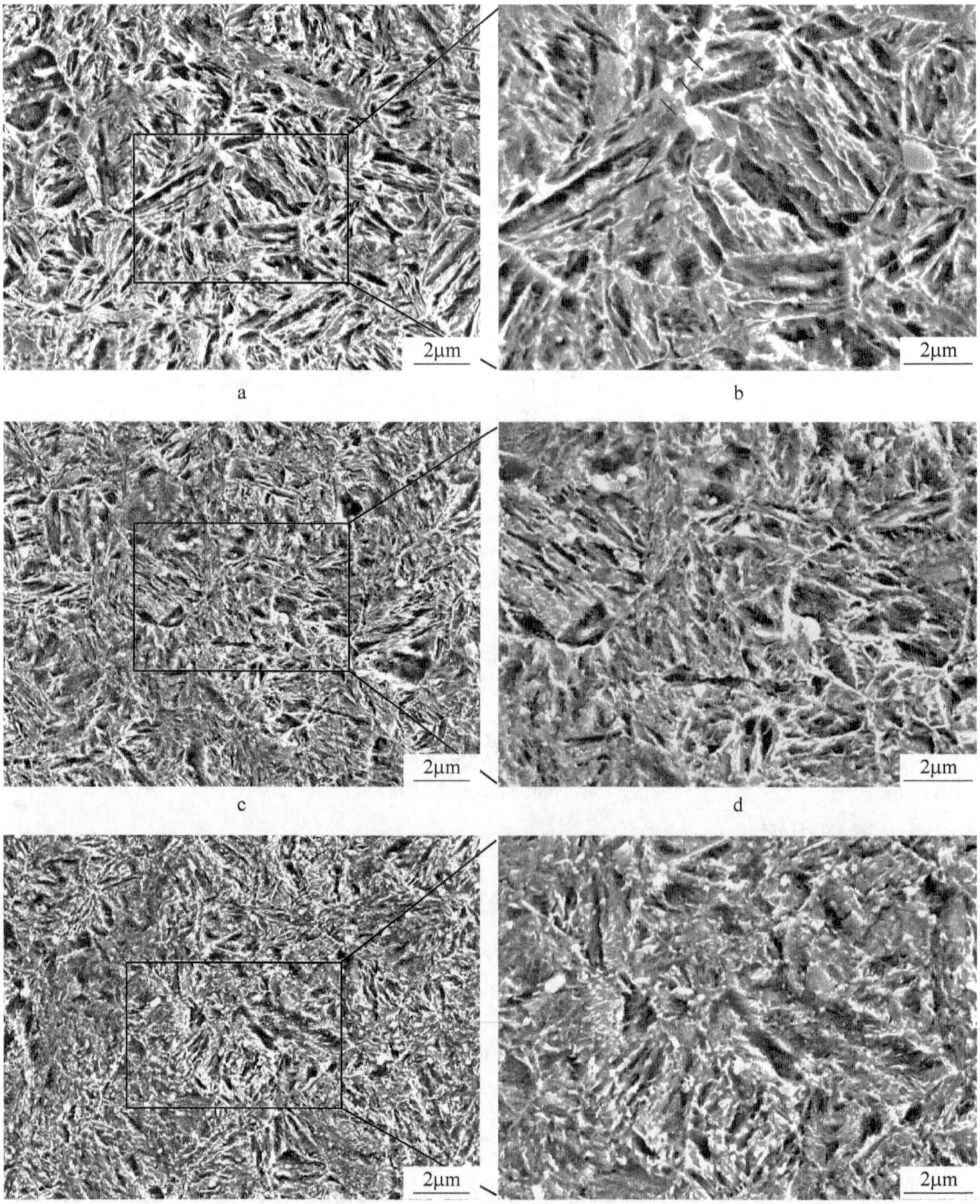

图 5-3 不同热处理工艺下渗碳层 SEM 照片

a，b—Q+T；c，d—Q+C80+T；e，f—Q+C196+T

有关。在深冷处理的降温冷却和低温保温过程中，由于温度极低导致体积收缩，马氏体是碳的过饱和固溶体，在低温下马氏体中 Fe 的晶格常数缩小，而碳的过饱和度加大，由此增加了碳原子析出的驱动力。深冷温度下空位的平衡浓度较低，长时间低温保温使空位浓度降低，也促进碳原子的析出。但由于低温条件下碳原子的扩散很困难，扩散距离很短，碳原子只能在邻近的位错线、孪晶面上偏聚，形成直径极小并与基体保持共格关系的偏聚区。当温度回到室温，Fe 的晶格膨胀，空位的平衡浓度升高。由热力学可知，新生空位的最佳位置是位错、孪晶等碳原子偏聚区，因为在这些位置引起的自由能变化最小。碳原子偏聚处由于空位增多成为针状马氏体内新亚单元的边界，位错线和孪晶面上由于空位和碳原子的聚集成为马氏体内新亚单元分界，深冷处理后马氏体针片内原来的亚单元分解细化为更小的亚单元，因此，深冷处理对马氏体有一定的细化作用；同时碳原子偏聚区在深冷回温的过程中或温度恢复到室温后成为微细碳化物核心，非常弥散均匀分布在马氏体内，使回火后马氏体中碳化物弥散析出增多。

为了进一步分析深冷处理对实验钢显微组织的影响规律，采用电子背散射衍射仪（EBSD）分析了不同热处理工艺下渗碳层组织的晶体学取向。实验结果如图 5-4 所示。在取向图中，如图 5-4a、c 和 e 所示，颜色相近区域的晶体学取向也相似，其中红色、绿色和蓝色分别为｛001｝、｛101｝和｛111｝取向。图中以不同颜色的线条代表晶界的取向差大小，红色细线代表晶粒取向差小于 15°的晶界，黑色出现表示两侧晶粒取向差大于 15°的晶界。通常根据晶界两侧的晶粒取向差将其分为小角度晶界和大角度晶界，其中小于 15°的晶界定义为小角度晶界，大于 15°的晶界称为大角度晶界。可以看出，深冷处理后渗碳层组织变得碎化，并且随着深冷处理温度的降低，碎化程度加深，大角度晶界数量也增多，从而导致渗碳层组织的有效晶粒尺寸减小。

图 5-4b、d 和 f 所示为渗碳层组织质量分布图及组织中 γ 相的分布。图中红色相代表渗碳层组织中的残余奥氏体。可以看出，深冷处理明显改变了组织中残余奥氏体的形态分布和含量：首先尺寸较大的残余奥氏体基本消失；其次残余奥氏体的含量随着深冷温度的降低而逐渐降低；另外 Q+T 工艺下组织中残余奥氏体主要分布于原奥晶界和晶内之中，而深冷处理后晶体内部的残余奥氏体基本消失，残余奥氏体零星分布于原奥氏体晶界。

渗碳钢淬火后得到的马氏体数量取决于马氏体相变的起始温度 M_s，其中含碳量对 M_s影响较大，渗碳后含碳量升高，M_s降低。当 M_s降低后，马氏体

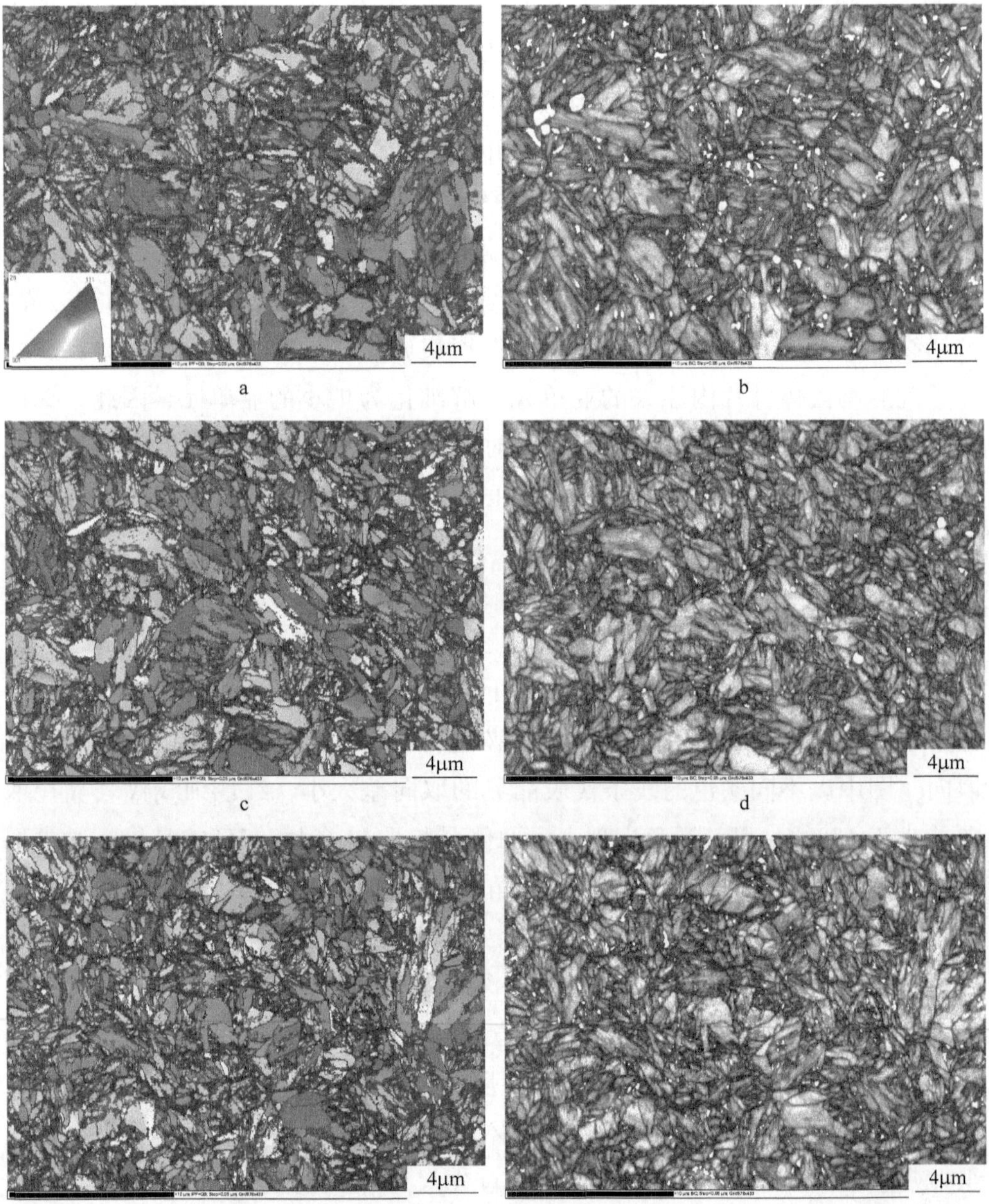

图 5-4 不同热处理工艺下渗碳层组织 EBSD 照片

a，b—Q+T；c，d—Q+C80+T；e，f—Q+C196+T

区域向下移，马氏体相变的终止温度 M_f将在零度以下。同时随含碳量增加，马氏体体积膨胀，造成残余压应力增大，阻碍残余奥氏体转变。深冷处理一方面由于温度降到相变终止温度以下，过冷度越大相变驱动力越大，促使残余奥氏体向马氏体转变；另一方面析出超微细碳化物消除了马氏体中残余压应力，为残余奥氏体向马氏体转变过程中的体积膨胀创造了条件，因此深冷处理可促使残余奥氏体向马氏体转变。

为了测定深冷处理对渗碳层组织中残余奥氏体转变的影响情况，采用XRD测定了Q+T、Q+C80+T和Q+C196+T三种不同热处理工艺下渗碳层组织，结果如图5-5所示。从XRD衍射图谱中可以看出，随着深冷处理温度的降低，(200)、(220)及(311)等奥氏体晶面衍射峰强度逐渐减弱，说明组织中奥氏体含量降低。根据X射线衍射图，计算了不同热处理工艺下渗碳层中残余奥氏体含量，计算方法与式(2-1)节相同。Q+T、Q+C80+T和Q+C196+T工艺下渗碳层中残余奥氏体含量分别为23.4%、10.1%和8.6%。与Q+T工艺比较，Q+C80+T和Q+C196+T工艺分别降低了13.3%和14.8%的残余奥氏体，说明深冷处理对于降低渗碳层中残余奥氏体的作用非常明显。残余奥氏体含量的降低，将会提高渗碳层的硬度及耐磨性等。

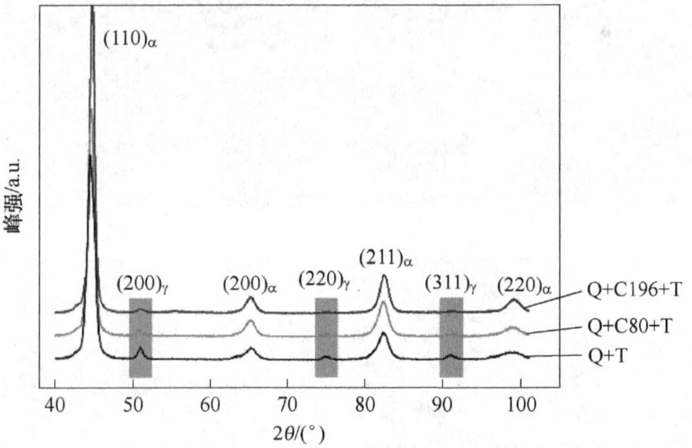

图5-5 不同热处理工艺下渗碳层组织XRD衍射图谱

图5-6所示为不同热处理工艺下渗碳层组织TEM形貌照片，可以看出深冷处理使组织发生了明显改变。在Q+T工艺下，如图5-6a和b所示，渗碳层组织较为粗大，组织中孪晶亚结构较为明显，孪晶宽度约为650~700nm，在孪晶带上有少量的碳化物析出。在Q+C80+T工艺下，如图5-6c所示，组织仍为针状马氏体。与Q+T工艺比较，组织中孪晶亚结构尺寸减少，孪晶宽度

约为 120~150nm，同时孪晶上析出大量的球状和短棒状碳化物，尺寸约为 20~30nm，如图 5-6d 所示。

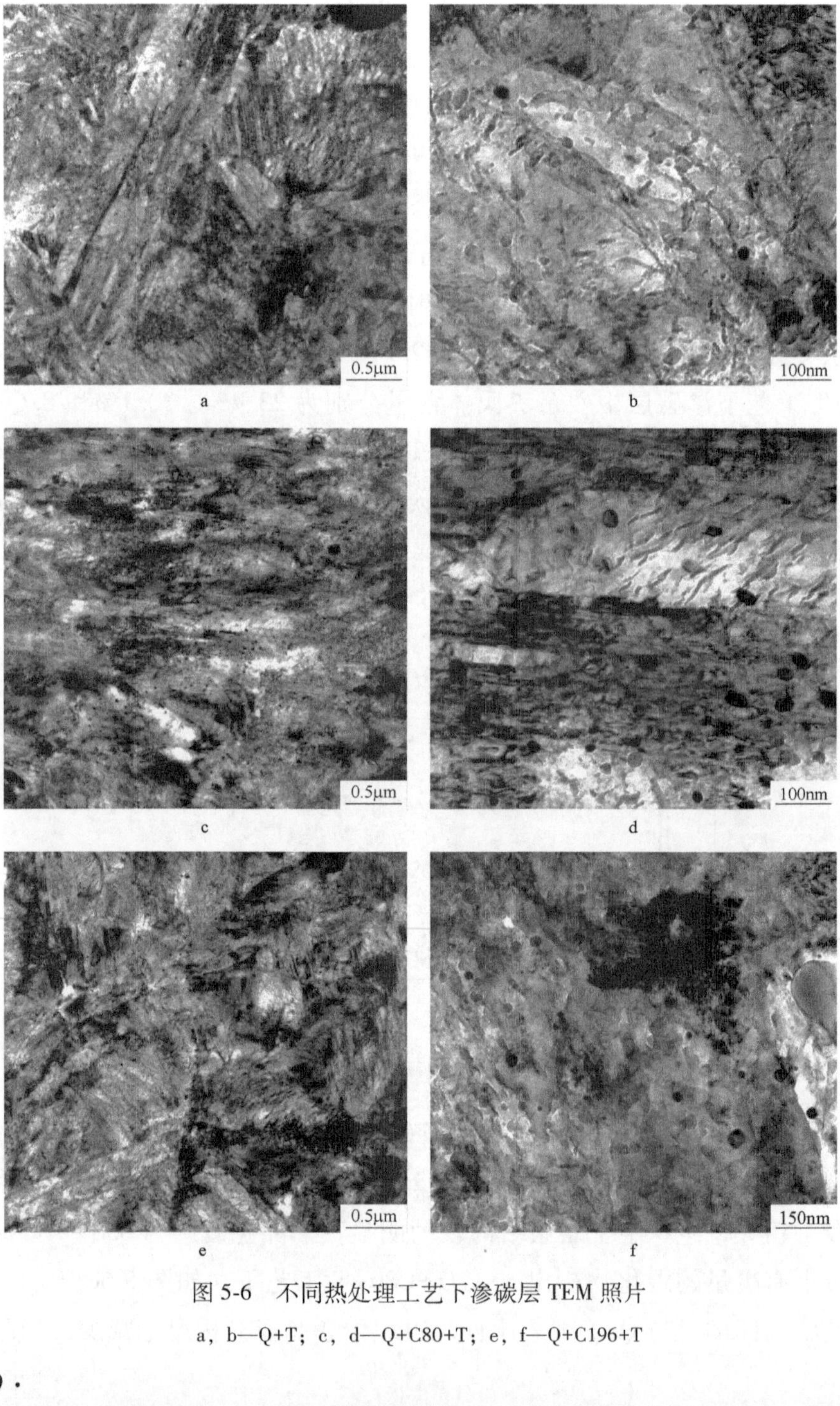

图 5-6 不同热处理工艺下渗碳层 TEM 照片

a，b—Q+T；c，d—Q+C80+T；e，f—Q+C196+T

而Q+C196+T工艺下渗碳层组织为细小错杂的针状马氏体，同时组织中有大量位错缠结，但是孪晶亚结构不明显，如图5-6e所示。Q+C196+T工艺下组织中的碳化物更加弥散细小，并且含量增多，如图5-6f所示。利用图像分析方法，对不同热处理工艺下渗碳层组织中碳化物的体积分数进行统计计算，每种工艺选取至少5个视场下的TEM照片进行统计。结果表明，Q+T、Q+C80+T和Q+C196+T样品中碳化物的体积分数分别为9.8%、13.6%和18.7%。可以看出深冷处理明显提高了渗碳层组织中碳化物的含量，随着深冷处理温度的降低，碳化物体积分数进一步增加。

5.2.2 显微硬度

不同热处理后渗碳层硬度梯度如图5-7所示。可以看出，渗碳层显微硬度值随着距表面距离的增大呈现先升高后缓慢降低的趋势。Q+T、Q+C80+T和Q+C196+T三种不同渗碳后热处理工艺下渗碳层的最高硬度值分别为818HV、848HV和886HV。深冷处理显著提高了渗碳层的硬度，与Q+T工艺比较，Q+C80+T和Q+C196+T工艺下渗碳层的最高硬度值分别提升了3.7%和8.3%。试样的最高硬度进一步提高。深冷处理后有效渗碳层深度也有了明显的增加，以显微硬度550HV作为分界线，测得的Q+T、Q+C80+T和Q+C196+T三种不同渗碳后热处理工艺下的有效渗碳层深度分别为2.05mm、2.18mm和2.21mm。深冷处理后渗碳实验钢的有效渗碳层厚度达到要求。

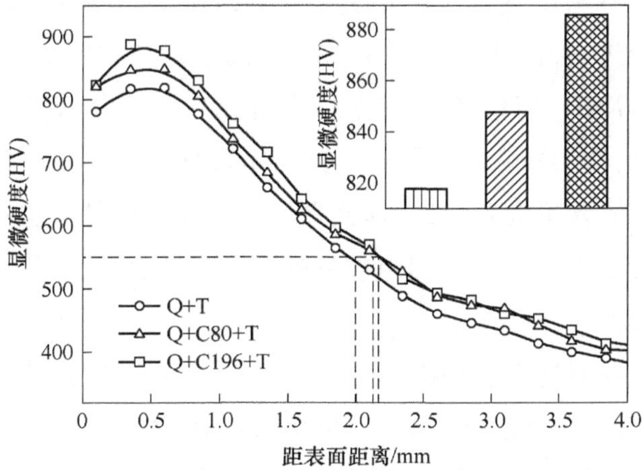

图5-7 不同热处理工艺下渗碳层的显微硬度变化情况

5.2.3 微观组织与显微硬度的关系

通过以上分析可知，由于深冷处理会使渗碳层组织发生非常明显的变化，因此会对渗碳层硬度有很大的影响。实验钢的渗碳层含碳量较高，淬火组织主要为针状马氏体和碳化物，并有一定数量的残余奥氏体。深冷处理后试样的硬度与马氏体的含碳量、残余奥氏体量、碳化物尺寸及分布等因素有关。

通过 TEM 照片观察可以发现，深冷处理后渗碳层组织亚结构变得细小，同时组织中碳化物含量升高。渗碳层组织中马氏体是碳过饱和的固溶体。马氏体晶格在深冷温度下收缩，使 Fe 的晶格常数减小。一方面，晶格缺陷将会由于微应变和微变形而增加；另一方面，第二相析出物的热动态激活能将会由于过饱和碳原子引起的晶格畸变而增加。由于，碳原子在低温下难以迁移，或扩散距离非常短，因此，马氏体中的碳原子经常在位错线或孪晶界处偏聚。偏聚的碳原子也和基体保持连贯的关系，类似于低温下过饱和铝合金时效时的 G. P. 区。当试样升温至室温时，由于较大的热效应会发生基体的晶格膨胀。空位平衡浓度在升温至室温时会增加，新的空位产生的最好的位置是位错和孪晶界，因为这些位置热动态自由能的变化最低。由于空位的增加，碳原子偏聚区可能变成马氏体新生亚单元的界面。也就是说，碳原子和空位偏聚处的位错线和孪晶界改变了马氏体新生亚结构，因此最终表现出深冷+低温回火后孪晶马氏体的宽度变得极小。此外，马氏体分解和深冷后回火过程中的细小碳化物很容易出现在位错和孪晶处，如图 5-6d 和 f 所示。由于深冷后组织的细化和碳化物析出增多，故有利于提高渗碳层的硬度。

由图 5-5 的 XRD 的计算结果可见，深冷处理明显降低了渗碳层组织中的残余奥氏体含量，在 Q+T 试样中残余奥氏体含量为 23. 4%，而在 Q+C196+T 试样中残余奥氏体含量为 8. 6%，即使在液氮温度深冷处理也不能将组织中残余奥氏体全部转变为马氏体。相当数量的残余奥氏体转变为马氏体能够大大提高渗碳层的硬度。

综上所述，深冷处理后马氏体由于发生微分解其含碳量降低，将使硬度下降；而残余奥氏体消除，碳原子的偏聚及碳化物的析出将使硬度上升，两种因素相互抵消，使宏观上表现出硬度提高的现象。

5.3 深冷处理对心部组织和力学性能的影响

5.3.1 微观组织

图 5-8 所示为不同热处理工艺下心部组织的 SEM 照片。从图 5-8a、c 和 e

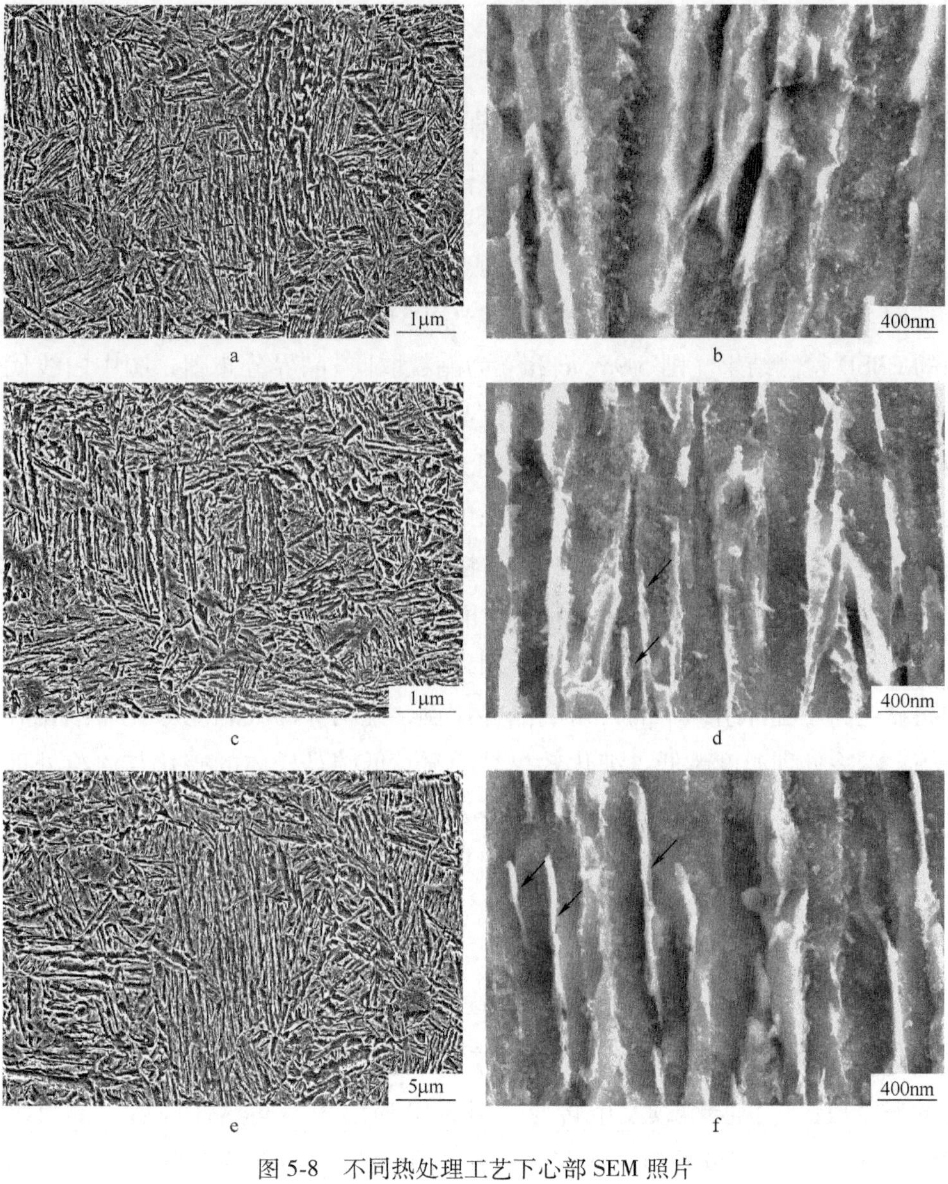

图 5-8 不同热处理工艺下心部 SEM 照片

a，b—Q+T；c，d—Q+C80+T；e，f—Q+C196+T

中可以看出，Q+T、Q+C80+T 和 Q+C196+T 三种热处理工艺下的显微组织均由板条马氏体组成，平行的马氏体板条束成排分布在原奥氏体晶粒内，一个原奥氏体晶粒内同时存在有多个位向不同的板条束。深冷处理后马氏体组织更加致密，马氏体板条变窄，马氏体组织更加碎化。马氏体板条间存在有少量的薄膜状残余奥氏体以及细小的碳化物颗粒，如图 5-8b、d 和 f 所示。经过深冷处理的马氏体中碳化物更加细小，数量增多且弥散均匀分布。Q+C196+T 工艺相较于 Q+C80+T 工艺，碳化物粒子数量更多，尺寸分布更加细小弥散。马氏体板条间的残余奥氏体也随热处理工艺的不同表现出不同的形态，经过 Q+C80+T 和 Q+C196+T 工艺处理后的组织中残余奥氏体宽度变窄，呈断续的薄膜状分布于马氏体板条间，如图 5-8d 和 f 中箭头所示，说明马氏体板条间的残余奥氏体在深冷处理过程中发生了转变。

图 5-9 所示为 Q+T、Q+C80+T 和 Q+C196+T 三种不同热处理工艺下心部组织的 EBSD 检测结果。图 5-9a、c 和 e 为晶粒取向+晶界分布图，图中白线代表小角度晶界（$\theta<15°$），黑线表示大角度晶界（$\theta>15°$），原奥氏体晶界和马氏体板条束间为大角度晶界，马氏体板条间为小角度晶界。从图中可以看出，深冷处理后马氏体板条尺寸明显细小，大块的马氏体板条束基本消失，细小错杂的马氏体板条增多，表明原粗大的马氏体板条在深冷过程中发生了碎化。图 5-9b、d 和 f 为不同热处理工艺下组织中大小角度晶界比例分布，Q+T、Q+C80+T 和 Q+C196+T 试样的大角度晶界比例分别为 53.13%、62.74%和 65.45%，深冷处理明显提高了心部组织中的大角度晶界比例，说明深冷处理能够显著细化心部组织，深冷处理温度越低，细化效果越明显。低碳马氏体的碎化与深冷处理引起的马氏体分解有关：一方面由于深冷处理过程中马氏体体积收缩导致晶格常数缩小；另一方面由于低温下位错线附近碳原子偏析，在随后的回温过程中逐步形成超微细碳化物核心，脱落后形成超微细碳化物析出，导致马氏体发生微分解，使马氏体内界面增多而碎化。

虽然心部组织为板条马氏体，但是淬火后室温组织中仍会有少量的残余奥氏体存在于马氏体板条间。对淬火后的马氏体进行深冷处理，马氏体板条间的残余奥氏体仍会继续发生转变。图 5-10 所示为不同热处理后心部组织的 XRD 衍射图谱。可以看出，Q+T 试样组织中奥氏体衍射峰非常明显，说明传统淬火+低温回火后心部组织中仍有一定数量的残余奥氏体，经过深冷处理后

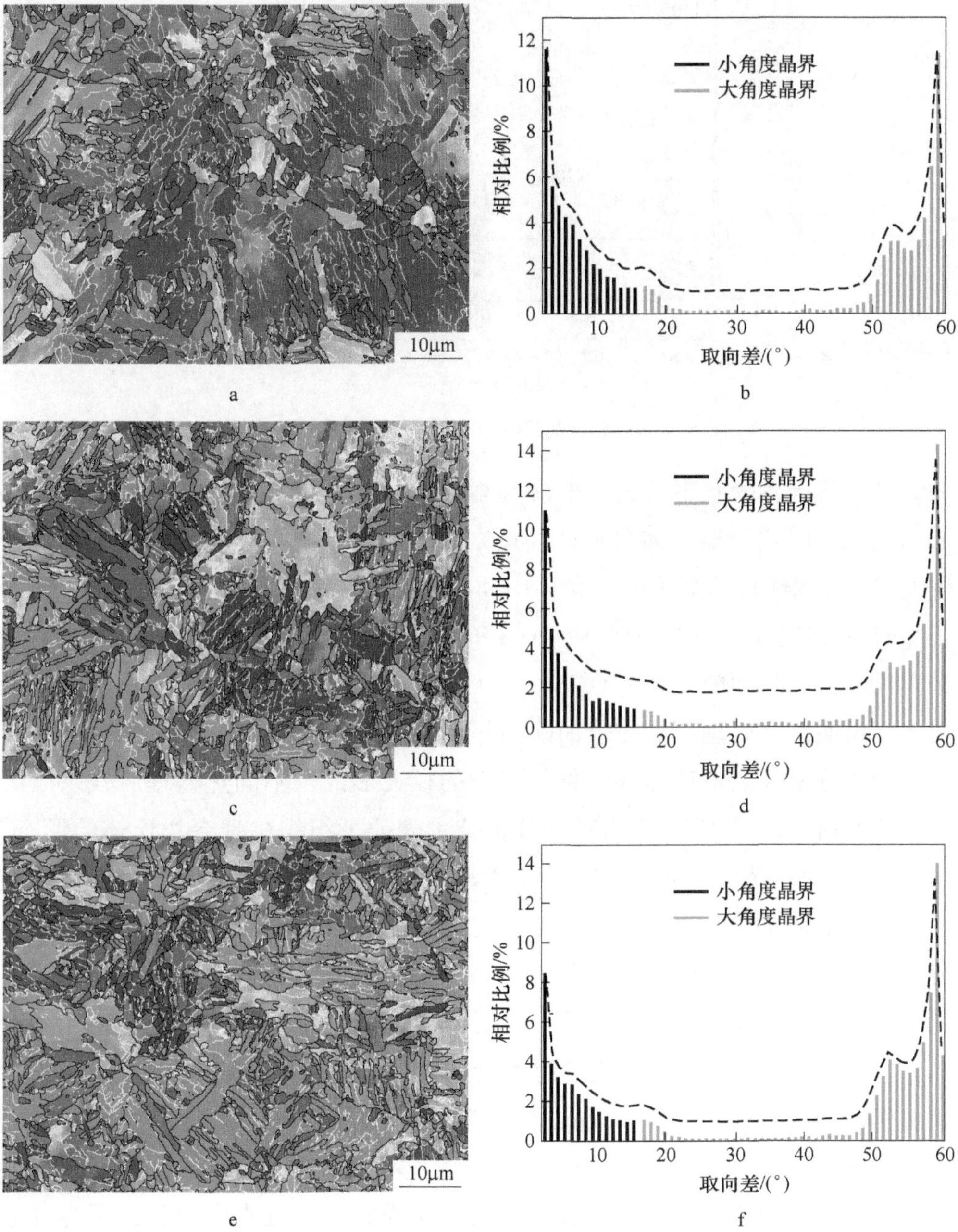

图 5-9 不同热处理工艺下心部组织晶粒取向图和大小角度晶界分布

a，b—Q+T；c，d—Q+C80+T；e，f—Q+C196+T

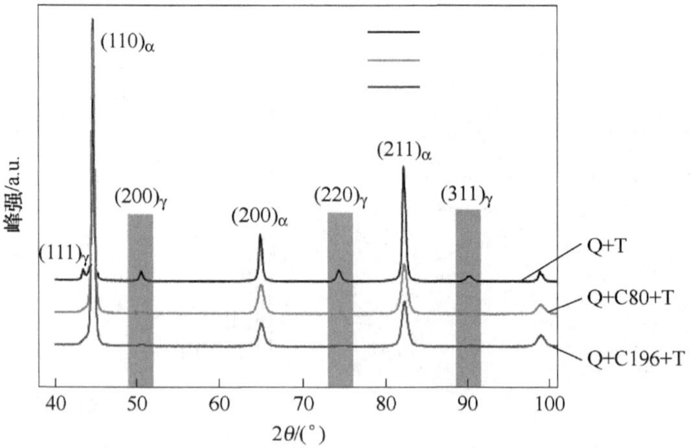

图 5-10 不同热处理工艺下心部组织 XRD 衍射图

的试样中奥氏体峰基本消失。根据 X 射线衍射图，计算了不同热处理工艺下心部组织中的残余奥氏体含量，计算方法与 2.7 节相同。Q+T、Q+C80+T 和 Q+C196+T 试样心部组织中残余奥氏体的含量分别为 10.4%、5.6%和 4.8%。与 Q+T 工艺比较，Q+C80+T 和 Q+C196+T 工艺分别降低了 4.8%和 5.6%的残余奥氏体。但是即使经过 Q+C196+T 工艺后，心部组织中仍有少量的残余奥氏体，说明深冷处理不能完全消除心部组织中的残余奥氏体。

为了分析残余奥氏体在心部组织中的存在形式及不同热处理后残余奥氏体的演变情况，采用 TEM 明暗场分析技术表征了组织中残余奥氏体的形态，结果如图 5-11 所示。如图 5-11a、d 和 g 所示，深冷处理后板条马氏体组织明显细化。根据 TEM 明暗场照片比照可以发现，板条马氏体中残余奥氏体主要分布于马氏体板条之间，深冷处理后马氏体板条宽度变窄，同时板条间薄膜状的残余奥氏体宽度也变窄，残余奥氏体与马氏体的晶界也越来越清晰。Q+T 工艺下组织中残余奥氏体宽度约为 150~200nm，Q+C80+T 工艺下组织中残余奥氏体宽度缩小为 80~150nm，Q+C196+T 工艺下组织中残余奥氏体宽度仅为 60~100nm。

对于钢中的残余奥氏体，过去曾长期认为它是一种有害组织，因为它会降低淬火钢的硬度，增大钢件尺寸的不稳定性，易形成磨削裂纹和未回火马氏体等，以至于用各种手段加以控制和消除。目前学术界围绕残余奥氏体的作用进行了大量的研究，对于残余奥氏体的利弊还没有做出恰当的评价。对

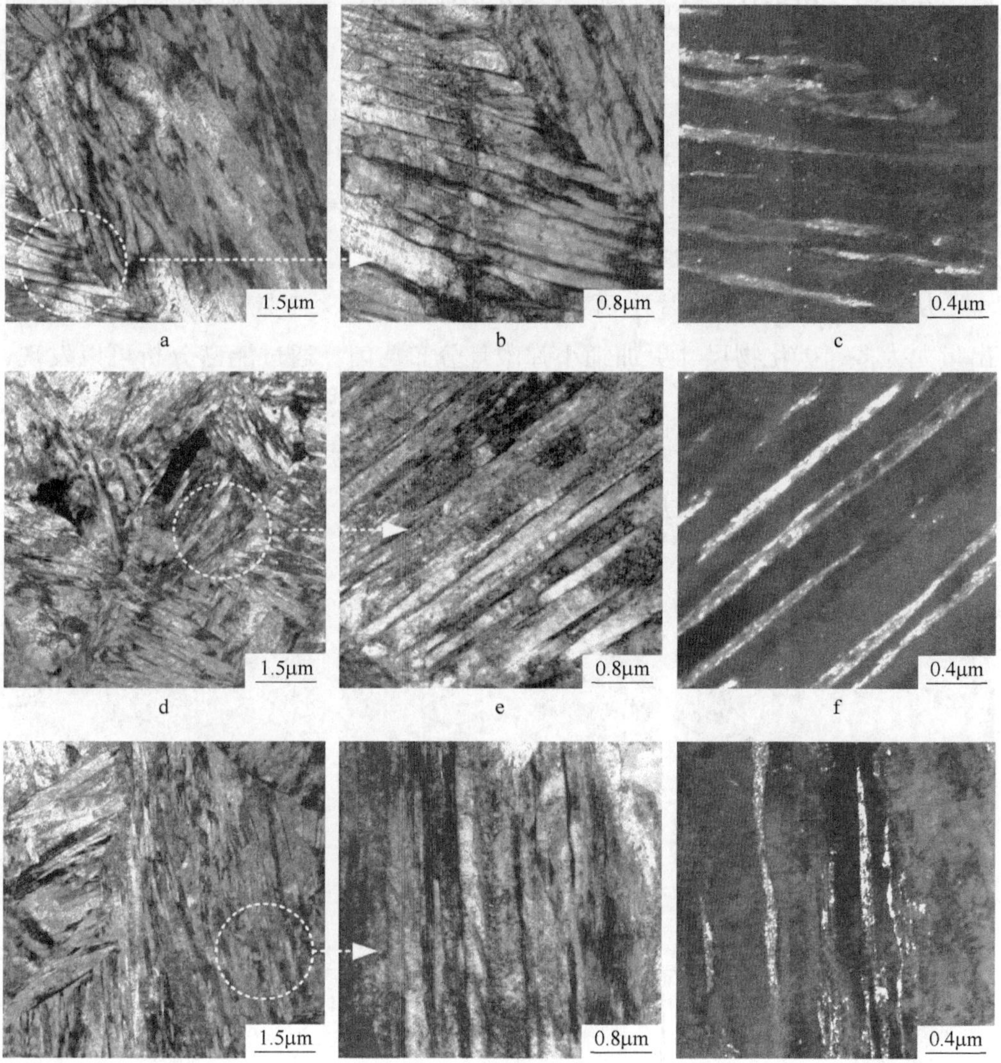

图 5-11 不同热处理工艺下心部组织 TEM 照片

a，b，c—Q+T；d，e，f—Q+C80+T；g，h，i—Q+C196+T

于轴承钢来说，从尺寸稳定性的角度出发，要求残余奥氏体量尽量少些，但若有适量的且能稳定存在的残余奥氏体，则能提高轴承的接触疲劳寿命，并能保证尺寸稳定性。经过深冷处理后的心部组织中存在的少量残余奥氏体，其含量虽少，却对钢的性能起很重要的影响。

如上节所述，虽然碳原子在低温下难以迁移，扩散距离非常短，但是碳原子在低温下由于马氏体晶格收缩会在位错线处偏聚。在深冷处理的温度回升阶段碳原子的扩散能力大大增加，并且随着温度回升，空位平衡浓度也升高，从而更加加快了碳原子的扩散。温度恢复到室温过程中产生的微细碳化物核心在随后的低温回火过程中促进碳化物的聚合长大，因此深冷处理后马氏体内碳化物粒子的数量增多。图 5-12 所示为不同热处理工艺下心部组织 TEM 照片及碳化物能谱分析。

从图 5-12 的 TEM 照片中可以看出，-196℃下深冷处理试样中碳化物析出量尤为多，碳化物尺寸更加细小弥散且分布均匀。通过能谱分析可以发现，长条状碳化物主要成分为 Fe 和 C，应为低温下马氏体分解形成的 ε-碳化物；球状碳化物主要成分包含 V 和 Cr 等合金元素，应为淬火过程产生的合金碳化物在回火过程中聚集长大形成。

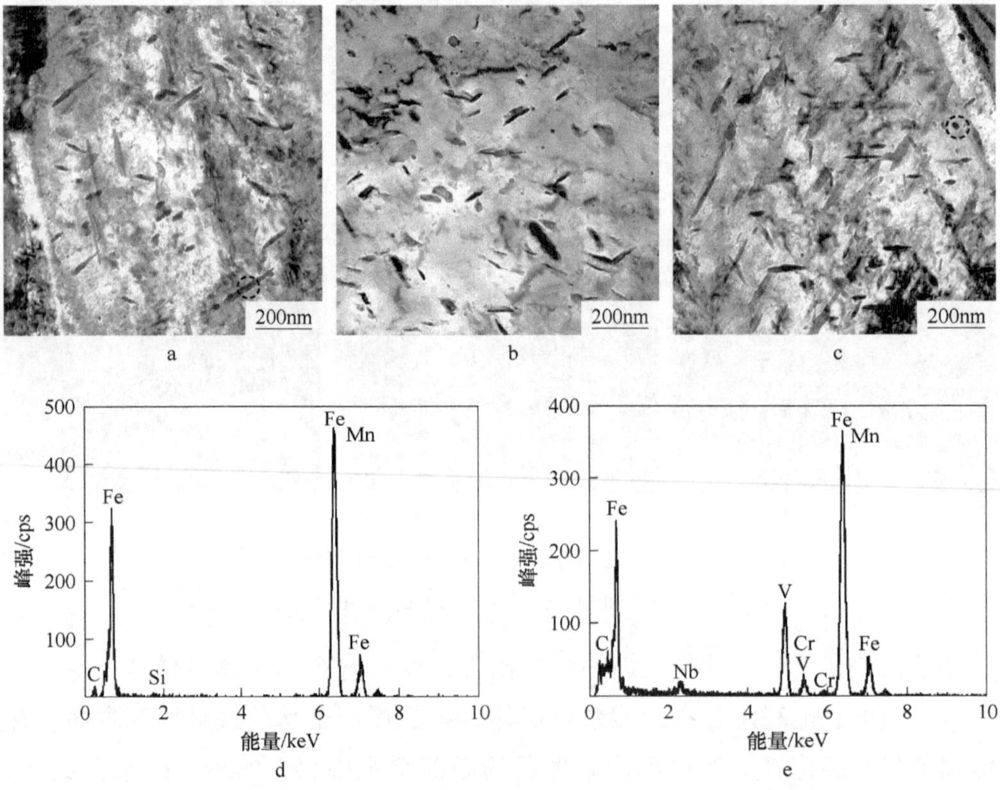

图 5-12 不同热处理工艺下心部组织 TEM 照片及碳化物能谱分析

a—Q+T；b—Q+C80+T；c—Q+C196+T；d—长条碳化物能谱；e—球状碳化物能谱

5.3.2 力学性能

图 5-13 所示为不同热处理工艺下心部力学性能变化情况。由图 5-13a 可见，经过深冷处理后，实验钢心部的屈服强度和抗拉强度均有不同程度的提高，但是伸长率有所下降。Q+T 工艺下屈服强度和抗拉强度分别为 1089MPa 和 1308MPa，伸长率为 25.5%。Q+C80+T 工艺下的屈服强度和抗拉强度分别为 1180MPa 和 1530MPa，伸长率为 25%。与 Q+T 工艺比较，屈服强度和抗拉强度分别提升了 8.4%和 16.9%，但伸长率降低了 0.5%。Q+C196+T 工艺下的屈服强度和抗拉强度分别为 1250MPa 和 1550MPa，伸长率为 23.8%，与 Q+T工艺比较，屈服强度和抗拉强度分别提升了 14.8%和 18.5%，伸长率降

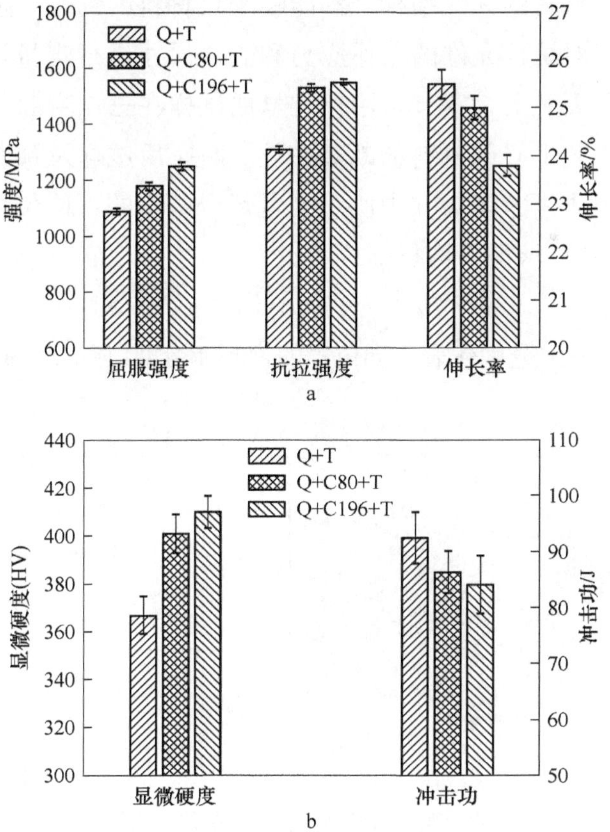

图 5-13 不同热处理工艺下心部力学性能

a—拉伸性能；b—硬度和冲击性能

低了 1.7%。图 5-13b 所示为不同热处理工艺下实验钢心部的硬度和冲击性能。Q+T 工艺下心部显微硬度为 367HV。Q+C80+T 和 Q+C196+T 工艺下心部显微硬度分别为 407HV 和 410HV，与 Q+T 工艺比较，分别提升了 10.9%和 11.7%。深冷处理后心部的冲击韧性有所下降，Q+T 工艺下心部组织冲击功为 92.5J。Q+C80+T 和 Q+C196+T 工艺下心部组织冲击功分别为 86.4J 和 84.2J，与 Q+T 工艺比较，分别降低了 6.6%和 8.9%。通过拉伸性能、冲击性能和硬度的比较可以看出，深冷处理对心部强度和硬度的提高非常明显，虽然对冲击韧性有一定的损失，但是冲击功降低不大，仍保持着较高的冲击韧性。

材料抵抗裂纹扩展断裂的韧性性能称为断裂韧性。断裂韧性与冲击韧性性能一样，都是材料的韧性指标，都能够反映材料的韧性。根据材料的断裂韧性指标，可以对构件允许的工作应力和裂纹尺寸进行定量计算，对构件的安全设计具有重要意义。本节采用标准弯曲试样在三点弯曲加力条件下测定了不同热处理工艺下心部材料的断裂韧性。断裂后试样及预制疲劳裂纹长度如图 5-14 所示。根据图 5-14b 中所示测量每个试样的不同位置的预制裂纹长度，按照式（5-1）求得平均裂纹长度 a。

$$a = (a_1 + a_2 + a_3 + a_4 + a_5)/5 \tag{5-1}$$

式中　$a_1 \sim a_5$——分别代表不同位置的预制疲劳裂纹长度，mm。

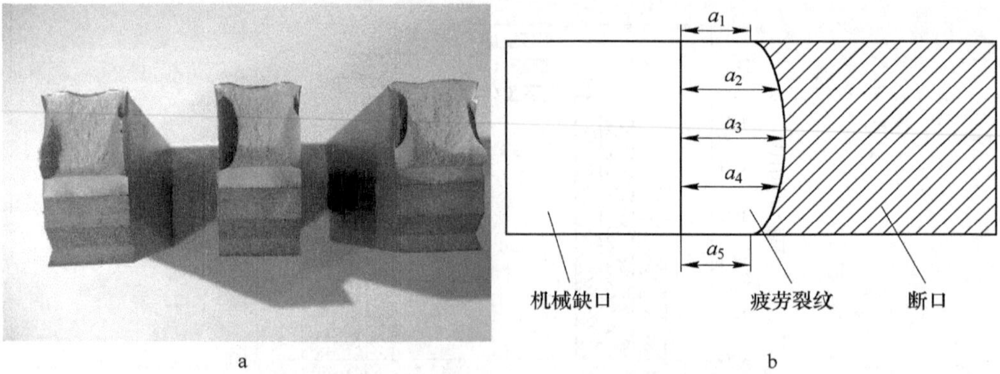

图 5-14　断裂韧性试样断口及疲劳裂纹长度测量示意图

a—断裂韧性试样断口；b—疲劳裂纹长度测量

根据实验过程记录的裂纹张开位移-载荷曲线（图 5-15a）确定条件值 F_Q，

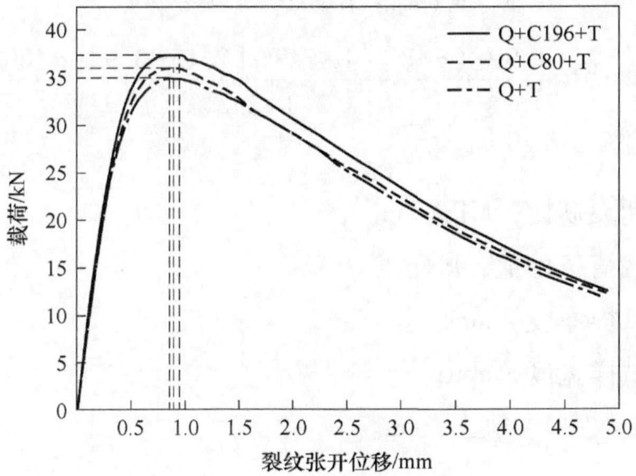

a

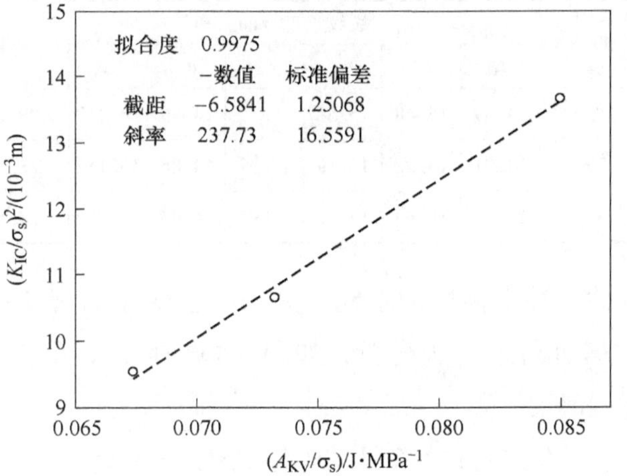

b

图 5-15 载荷-裂纹张开位移曲线以及断裂韧性与冲击韧性、强度关系曲线

a—载荷-裂纹张开位移曲线；b—断裂韧性与冲击韧性、强度关系

具体步骤为：在裂纹张开位移-载荷曲线上画一条斜率为曲线线性部分斜率的 0.95 的割线，割线与裂纹张开位移-载荷曲线交点所对应的载荷即为 F_Q。

根据断裂韧性试样尺寸及测量所得数值，采用式（5-2）和式（5-3）计算不同热处理工艺下试样的断裂韧性 K_{Ic} 值，见表 5-1。可以看出，经过深冷处理后实验钢心部的断裂韧性有所下降，Q+T 工艺下断裂韧性为 127.3MPa · $m^{1/2}$，而 Q+C80+T 和 Q+C196+T 工艺下断裂韧性分别为 121.8MPa · $m^{1/2}$ 和 122.1MPa · $m^{1/2}$，与 Q+T 工艺比较，分别降低了 4.3%和 4.1%。

$$K_{Ic}=(F_Q S/BW^{3/2})\times f(a/W) \tag{5-2}$$

$$f(a/W)=3(a/W)^{1/2}\times\frac{1.99-(a/W)(1-a/W)[2.15-3.93(a/W)+2.7(a/W)^2]}{2(1+2a/W)(1-a/W)^{3/2}} \tag{5-3}$$

式中 K_{Ic}——断裂韧性，MPa · $m^{1/2}$；

F_Q——载荷条件值，kN；

B——试样厚度，mm；

W——试样宽度，mm；

a——裂纹平均长度，mm。

表 5-1 不同热处理工艺下断裂韧性实验数值

编号	B/mm	W/mm	裂纹长度/mm						F_Q/kN	K_{Ic}/MPa · $m^{1/2}$
			a_1	a_2	a_3	a_4	a_5	a		
Q+T	15.02	30	14.99	15.48	15.58	15.52	14.99	15.312	29.39	127.3
Q+C80+T	15.01	29.9	14.91	15.28	15.19	15.32	14.86	15.112	28.61	121.8
Q+C196+T	15.01	29.9	14.36	14.92	15.00	14.95	14.43	14.732	29.64	122.1

心部断裂韧性和冲击韧性随不同热处理工艺变化的规律基本一致，对心部的 K_{Ic} 和 A_{KV} 数据进行进一步分析，如图 5-15b 所示，可以发现，两者符合式（5-4）所示的经验公式。

$$(K_{Ic}/\sigma_s)^2=237.73(A_{KV}/\sigma_s)-6.5841 \tag{5-4}$$

可见，实验钢的断裂韧性 K_{Ic} 是由屈服强度 σ_s 和冲击韧性 A_{KV} 共同决定的，如知道实验钢在不同热处理工艺下的常规力学性能 σ_s 和 A_{KV}，就可由式（5-4）大体估算出实验钢在不同工艺下的 K_{Ic} 值。

5.3.3 微观组织与力学性能的关系

通过以上的显微组织表征，可以发现深冷处理对心部组织的改变主要有以下几点：一是深冷处理碎化了马氏体板条，从而提高了心部组织中大角度晶界比例，随着深冷处理温度的降低，大角度晶界比例增加；二是深冷处理增加了马氏体基体中碳化物的析出，随着深冷处理温度的降低，碳化物含量增加；三是深冷处理促进了心部组织中残余奥氏体的转变。关于板条马氏体中残余奥氏体的形成及存在形态，众多学者进行了研究，Rao 和 Thomas[152] 以高分辨点阵像测得含碳量为 0.27%（质量分数）的合金钢淬火后的条间奥氏体富碳至 0.4%~1.04%。Thomas 和 Sarikaya[153] 进一步以场离子显微镜和原子探针证实了上述的结果。徐祖耀等[154] 通过计算条间奥氏体富碳所需时间，并与条状马氏体形成时间作比较，发现碳的扩散跟得上或稍落后于马氏体条的形成，表明低碳马氏体形成时可能存在碳的扩散，但碳的扩散不是马氏体相变的主要或必需过程。由于条状马氏体形成时碳由马氏体扩散至条间奥氏体，因此使奥氏体富碳而具有化学的稳定性；当钢中含稳定奥氏体元素（如 Ni，Mn）时，条间奥氏体的化学稳定性加强。同时，板条马氏体形成时，条间奥氏体因协作变形而强化，产生力学稳定性，使条间奥氏体能保持至室温。当继续冷至室温以下时，条间残余奥氏体由于过冷度的增大，将继续转变为马氏体，但是由于奥氏体转变为马氏体时要发生体积膨胀，最后尚未转变的奥氏体受到周围马氏体的附加压力，失去长大的条件而保留下来，所以即使在 -196℃ 下深冷处理也不能完全将心部组织中残余奥氏体转变为马氏体。但是保留下来的马氏体条间残余奥氏体处于受压缩状态，具有很好的机械稳定性，不会在服役过程中发生转变而导致零件尺寸变形。

深冷处理通过细化马氏体板条、促进微细碳化物析出和促进残余奥氏体转变均可有效提高实验钢心部的强度和硬度，心部力学性能检测结果也证明了这一点。但是，深冷处理稍微降低了心部的塑性及韧性，这可能是由于心部组织中软相残余奥氏体含量降低。研究表明，淬火低碳钢具有相当高的强度同时兼具良好的断裂韧性和冲击韧性，其原因有多种，但现在认为最主要的是含有条间残余奥氏体[155~157]，且随残余奥氏体的数量增加，钢的断裂韧性提高。条间残余奥氏体提高钢的韧性的原因主要有几点[158]：一是裂纹遇到残余奥氏体时将形成分枝，使裂纹扩展所需的能量增大；二是残余奥氏体易发生范性应变，使裂纹尖端应力集中的程度降低，需更大的应力才使裂纹失稳扩展，裂纹扩展钝化；三是裂纹前沿的范性范围呈现相变诱发塑性，有利于消除应力集中；四是 α/α 条间为高能量转动界面有利于裂纹扩展，而 γ/α 为高度共格界面，不利于裂纹扩展。

图 5-16 所示为不同热处理工艺下试样心部冲击曲线以及不同断裂阶段吸收能量的比较。根据获得的冲击过程中的载荷-位移曲线和能量-位移曲线

（图 5-16a、b、c），分别计算了不同试样断裂的裂纹萌生阶段、裂纹扩展阶段和最终断裂阶段等三个阶段所吸收的能量，如图 5-16d 所示。

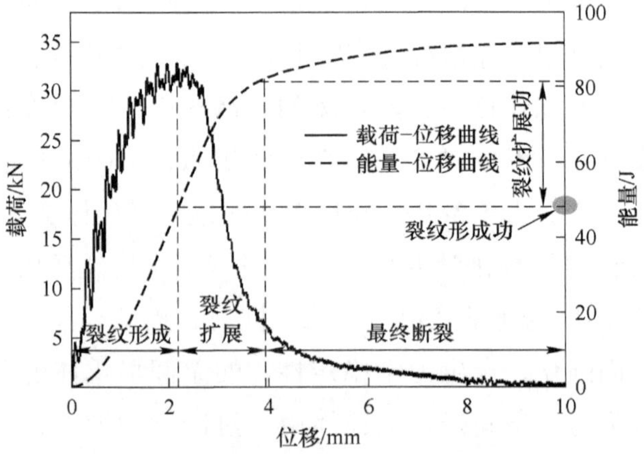

a

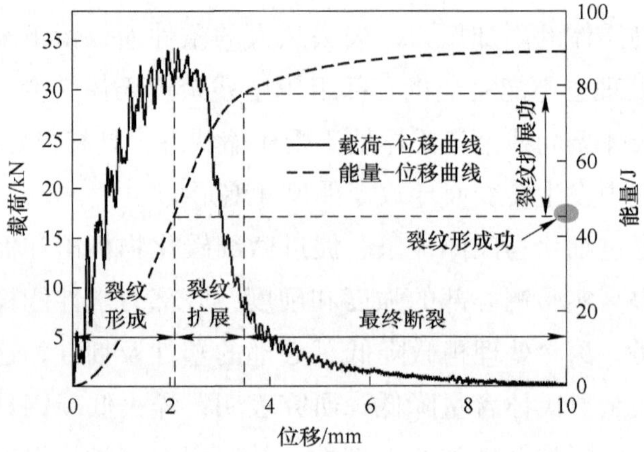

b

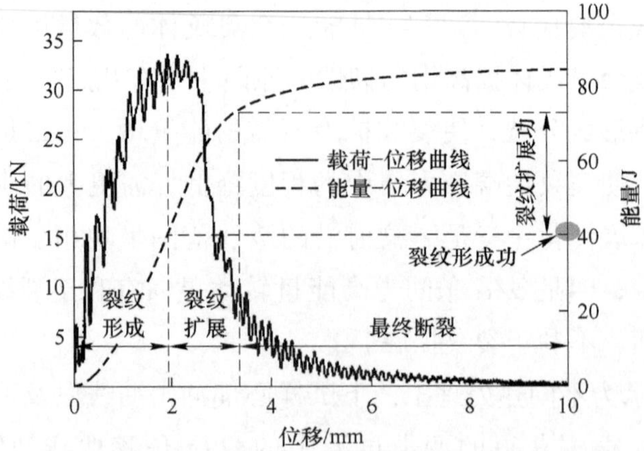

c

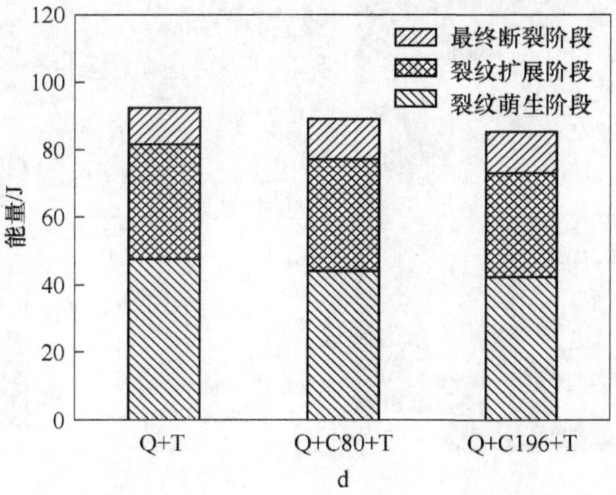

图 5-16 不同热处理工艺下心部冲击曲线及不同断裂阶段吸收能量比较

a—Q+T 试样冲击曲线；b—Q+C80+T 试样冲击曲线；
c—Q+C196+T 试样冲击曲线；d—不同断裂阶段吸收能量

可以发现，不同热处理工艺下试样裂纹萌生阶段有所不同，Q+T、Q+C80+T 和 Q+C196+T 试样的裂纹形成功分别为 47. 6J、47. 58J 和 40. 95J。三组试样的裂纹扩展阶段差异更明显，Q+T 试样裂纹扩展阶段载荷-位移曲线下降较为平缓，属于缓慢撕裂的过程，裂纹扩展吸收功约为 34J。Q+C80+T 试样的裂纹扩展阶段比较迅速，裂纹扩展吸收功约为 32. 9J。Q+C196+T 试样的裂纹扩展阶段比较波动，位移扩展至约 3. 4mm 处时裂纹扩展结束，裂纹扩展吸收功约为 30. 3J。

冲击试样的不同的断裂过程也会在断口中体现，图 5-17 所示为不同热处理工艺下冲击试样断口形貌。

Q+T 试样断裂后的断口为准解理与韧窝的混合形貌，如图 5-17a 所示，韧窝形貌占整个断口面积的很大比例。挑选断口中的放射区进行微观断口形貌检测，如图 5-17b 所示，可以看出放射区微观形貌呈韧窝状，基本没有解理断裂面，说明韧性很好。在韧窝底部有少量的夹杂，能谱分析表明主要成分为 Al_2O_3。相比之下，Q+C80+T 试样的断口表面较为平坦，由韧窝和准解理面组成，并且断面上有平行于断裂方向的纵深裂纹，如图 5-17c 中所示。Q+C80+T 试样断口放射区微观形貌有少量的解理面。Q+C196+T 试样的断口如图 5-17e 和 f 所示，主要由大块准解理面和少量浅的韧窝组成。

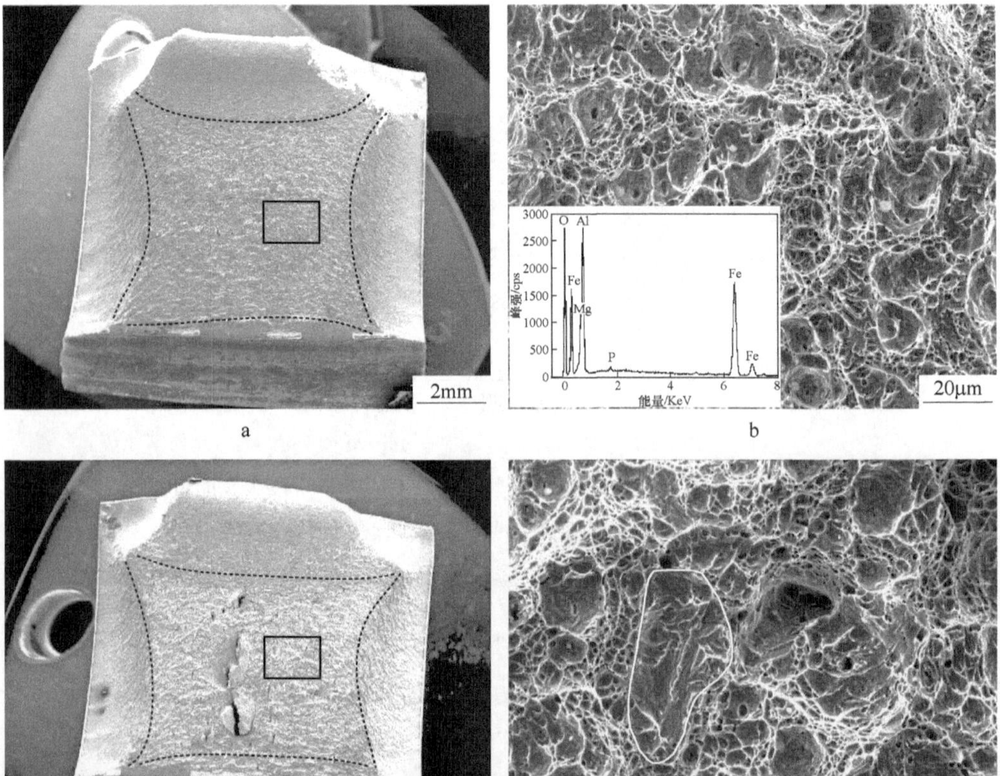

图 5-17　不同热处理工艺下心部冲击断口形貌

a，b—Q+T；c，d—Q+C80+T；e，f—Q+C196+T

5.4 本章小结

为了进一步提高和改善渗碳实验钢的组织和性能，本章提出了在二次淬火和低温回火之间增加深冷处理的工艺路线。研究了 Q+C80+T 和 Q+C196+T 工艺对实验钢渗碳层和心部组织和性能的影响，最终确定改进后的实验钢渗碳后热处理工艺路线。本章得到的主要结论如下：

（1）与 Q+T 工艺比较，Q+C80+T 工艺下渗碳层组织中残余奥氏体含量降低了 13.3%，碳化物含量提高了 3.8%；心部组织中大角度晶界比例提高了 9.61%，残余奥氏体含量降低了 4.8%。

（2）Q+C80+T 工艺下获得的实验钢力学性能为：渗碳层硬度为 848 HV；心部屈服强度和抗拉强度分别为 1180MPa 和 1530MPa，心部硬度为 407 HV，心部冲击韧性和断裂韧性分别为 86.4 J 和 121.8MPa · $m^{1/2}$。与 Q+T 工艺比较，渗碳层硬度提高了 3.7%，心部硬度提高了 10.9%，心部屈服强度和抗拉强度分别提升了 8.4%和 16.9%，心部冲击韧性和断裂韧性分别降低了 6.6%和 4.3%。

（3）与 Q+T 工艺比较，Q+C196+T 工艺下渗碳层组织中残余奥氏体含量降低了 14.8%，碳化物含量提高了 8.9%；心部组织中大角度晶界比例提高了 12.32%，残余奥氏体含量降低了 5.6%，碳化物尺寸更加细小弥散且分布均匀。

（4）Q+C196+T 工艺下实验钢的力学性能为：渗碳层硬度为 886 HV；心部屈服强度和抗拉强度分别为 1250MPa 和 1550MPa，心部硬度为 410 HV，心部冲击韧性和断裂韧性分别为 84.2 J 和 122.1MPa · $m^{1/2}$。与 Q+T 工艺比较，渗碳层硬度提高了 8.3%，心部硬度提高了 11.7%，心部屈服强度和抗拉强度分别提升了 14.8%和 18.5%，心部冲击韧性和断裂韧性分别降低了 8.9%和 4.1%。

（5）深冷处理通过促进马氏体组织碎化、降低残余奥氏体含量和提高微细碳化物析出的作用，对实验钢组织和性能有显著的改善和提升，实验钢的力学性能达到了高铁轴承用钢要求。

6 渗碳轴承钢耐磨及接触疲劳性能研究

摩擦磨损和滚动接触疲劳是滚动轴承在服役过程中主要的失效形式。摩擦磨损是由相互接触的滚柱和套圈之间相对运动（微动、滑动或滚动）产生。接触疲劳是滚动轴承在接触应力长时间反复作用下表面产生针状或痘状凹坑、麻点剥落引起的一种疲劳剥落的损坏现象。研究轴承材料的磨损规律以及接触疲劳性能，对提高其耐磨性和延长轴承的工作寿命具有重要意义。

本章研究了实验钢在不同渗碳后热处理工艺下的滑动摩擦磨损性能和滚动接触疲劳性能，揭示了磨损失效机制和疲劳破坏机制，分析了组织与磨损性能和接触疲劳性能之间的关系。

6.1 实验材料和方法

本章实验材料分别为第 4 章和第 5 章不同渗碳后热处理工艺下制备得到的 20CrNi2MoV 渗碳实验钢。滑动磨损试验在 Rtec-MFT 5000 多功能摩擦磨损试验机上进行，实验装置示意如图 6-1a 所示。本实验采用了球盘配置模块，磨损试样为圆盘状，直径为 40mm，厚度 22mm；摩擦副为 GCr15 滚珠，其直径为 5mm，其硬度约为 63HRC。在试验过程中，球摩擦副保持静止，圆盘保持旋转。在本实验中选取载荷为 20N，产生的接触压强约为 1.36GPa。滑行速度为 500r/min，滑行距离为 100～1500m，所有的测试都重复 3 次。磨损表面的三维形貌由附在 Rtec 仪器上的三维轮廓仪进行表征，同时计算出磨损痕迹截面轮廓，如图 6-1b 所示。

滚动接触疲劳试样为圆片状，其尺寸及加工要求如图 6-2a 所示；接触疲劳试验是在推力片型接触疲劳试验机上进行，实验装置示意如图 6-2b 所示。实验中采用推力式接触，工作原理与推力球轴承类似，用试样代替轴承的一个活圈，滚珠采用 GCr15 材质，首先将推力球轴承的紧圈在主轴的下方牢固定位，然后将疲劳试样在支承座内部固定住，把保持架和推力球轴承的钢球安放在疲劳试样和紧圈中间。当施加载荷时，主轴开始转动，利用摩擦力促

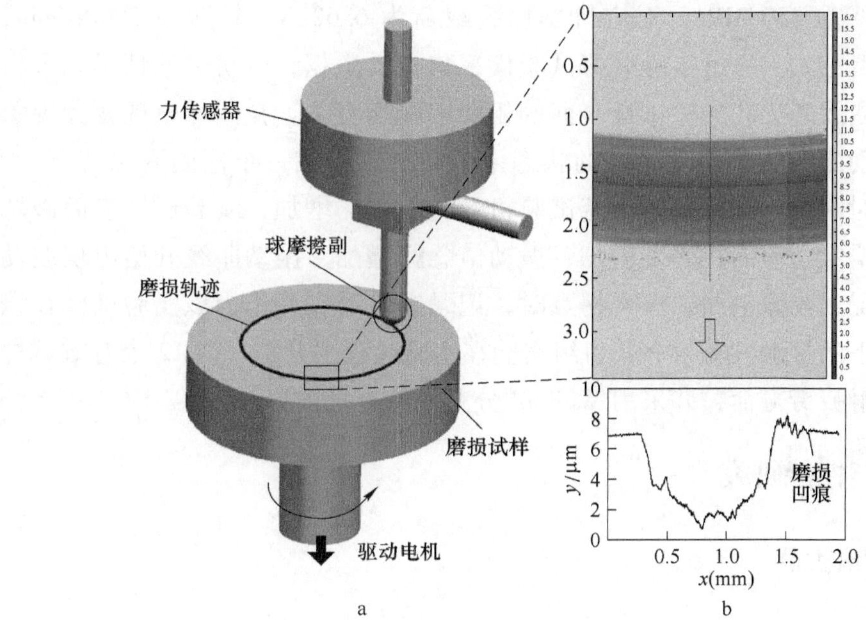

图 6-1 磨损试验机示意及磨损轨迹形貌表征

a—磨损试验机；b—磨损轨迹表征

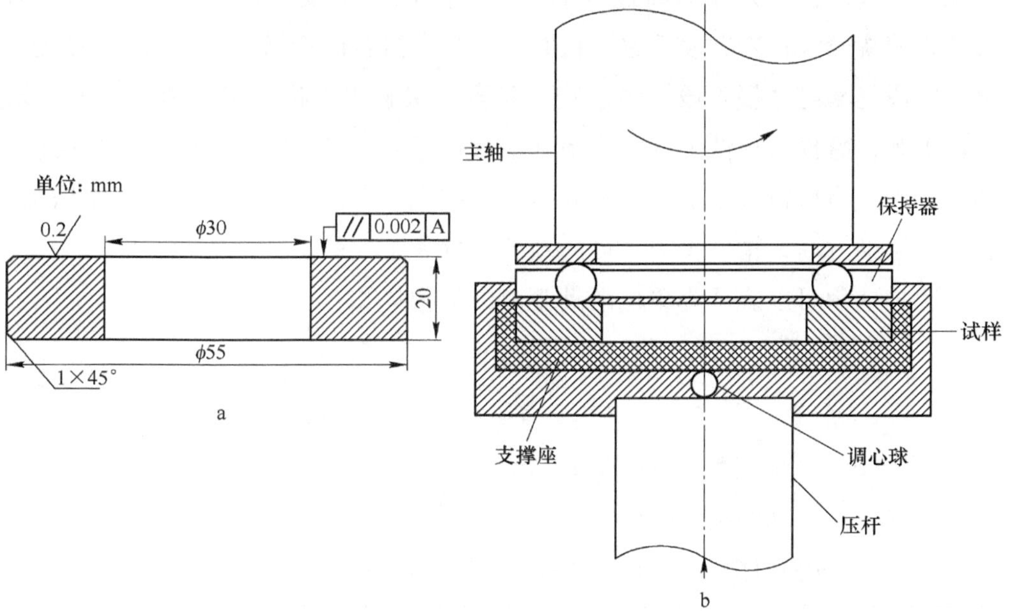

图 6-2 接触疲劳试样尺寸及疲劳试验机示意图

a—接触疲劳试样尺寸；b—接触疲劳试验机

使保持架中的钢球开始公转与自转，疲劳试样上便有了一条应力循环带。接触应力选择为 4500MPa，对应机器加载载荷为 6.62kN，转速为 2800r/min，采用油润滑方式。通过接触疲劳试验机采集振动数据，分析失效情况。采集到的振动曲线趋势和实验试样表面的粗糙度密切有关。在试样出现疲劳现象以前，振动曲线处于波动平缓的状态，振动值基本在一个范围内保持不变；随着实验时间的延长、接触疲劳试验机运转周次的增加，实验试样表面破坏程度逐渐增大、表面粗糙度增加、振动值急剧增加、振动曲线开始出现波动上升的情况；当振动曲线出现拐点时，记录实验周次并作为该实验试样在该接触应力下的接触疲劳寿命。每组实验在实验过程中分别获得 12 个有效试样的滚动接触疲劳寿命，并采用 Weibull 分布函数处理数据。

6.2 耐磨性能研究

6.2.1 耐磨性能

耐磨性能是材料抵抗磨损的一个性能指标，可用磨损量来表示，磨损量越小，耐磨性越高。通常，磨损量随摩擦行程的关系可分为三个阶段：第一阶段是跑合阶段。开始时摩擦表面具有一定的粗糙度，真实接触面积较小，故磨损速率较大；随着表面逐渐被磨平，真实接触面积增大，磨损速率减慢。第二阶段是稳定磨损阶段。经过跑合阶段，接触表面进一步平滑，磨损开始稳定下来，磨损量很低，磨损速率基本保持不变。第三阶段是剧烈磨损阶段。随着时间或摩擦行程增加，接触表面之间间隙逐渐扩大，磨损速率急剧增加，摩擦副温度升高，精度丧失，最后导致零件完全失效。

磨损速率可以表示为单位滑动距离的磨损体积：

$$W_r = \frac{W_V}{L} \tag{6-1}$$

式中 W_r——磨损速率，mm^3/m；

L——滑动距离，m；

W_V——磨损体积，mm^3，磨损体积是由磨损轨迹的横截面积与其周长的乘积计算而来。

图 6-3 所示为渗碳实验钢在 Q+T、Q+C80+T 和 Q+C196+T 三种不同渗碳

后热处理工艺下的磨损情况。图 6-3a 所示为试样的磨损量随滑动距离的变化情况，可以看出，随着滑移距离的增加，试件的磨损量均迅速增加。在相同滑动距离下，Q+C80+T 和 Q+C196+T 试样的磨损量小于 Q+T 试样，Q+C196 +T 试样的磨损量最小。

图 6-3b 所示为 Q+T、Q+C80+T 和 Q+C196+T 试样的磨损速率随滑动距离的变化情况。所有试样的磨损率随滑动距离的延长均呈现先增大后减小的趋势。在滑移距离小于 400~500m 的初始阶段，试样磨损严重，磨损率迅速上

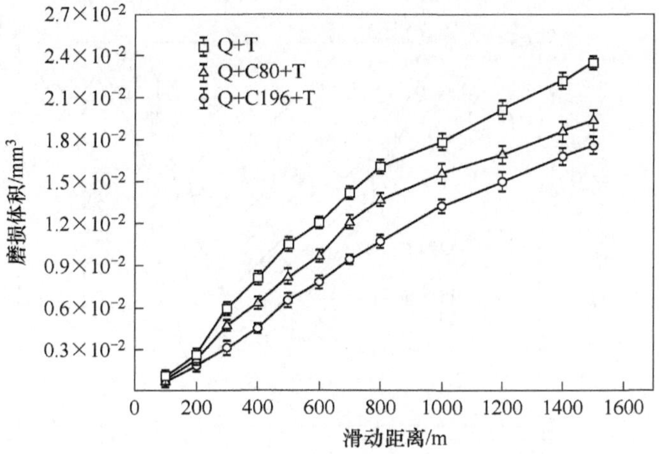

a

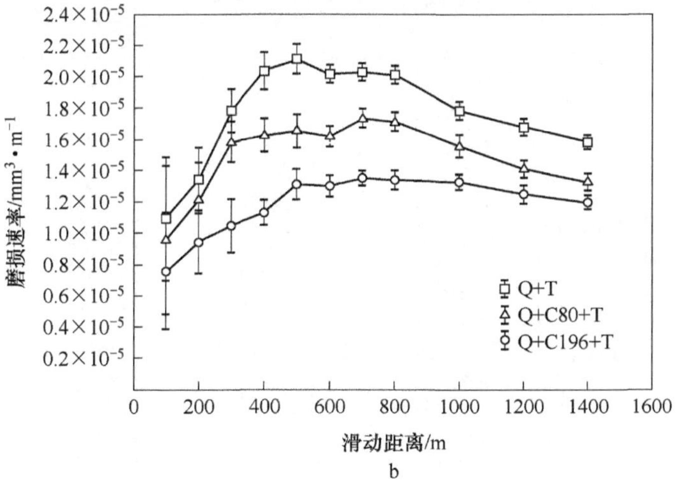

b

图 6-3　不同渗碳后热处理工艺下试样磨损量和磨损速率随滑动距离的变化情况

a—磨损量随滑动距离的变化情况；b—磨损速率随滑动距离的变化情况

升，这个过程称为磨合阶段。随着滑动距离的延长，磨损率开始下降，试样进入稳定磨损阶段。深冷处理的试样在相同滑动距离下的磨损率远低于 Q+T 试样。此外，Q+C196+T 试样的磨损率明显低于 Q+C80+T 试样。

根据磨损轨迹轮廓得到的磨损深度和磨损面积，可以更直观地看出耐磨性能。图 6-4a 所示为不同渗碳后热处理试样在滑动了 1500m 后的磨损轨迹图。Q+T、Q+C80+T 和 Q+C196+T 试样轨迹的深度分别为 13μm、11μm 和 9.8μm。深冷处理后试样的轨迹宽度较 Q+T 试样的窄。Q+T、Q+C80+T 和 Q+C196+T 试样在滑动 1500m 后的磨损量分布为 $2.37\times10^{-2}mm^3$、$1.96\times10^{-2}mm^3$

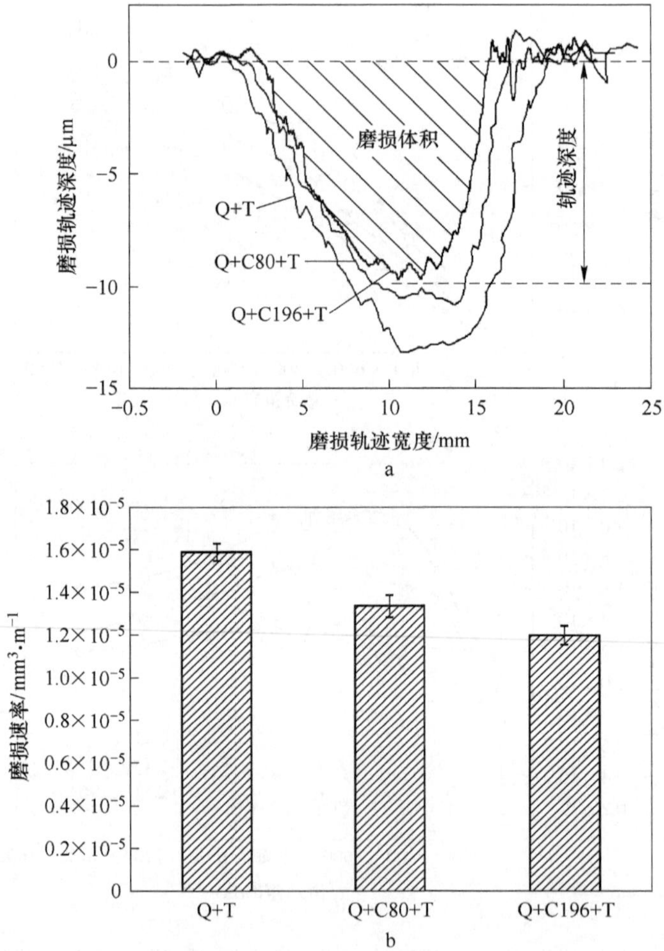

图 6-4 不同渗碳后热处理工艺下试样磨损轨迹及磨损速率比较

a—磨损轨迹；b—磨损速率

和 1.76×10^{-2}mm^3，对应的磨损速率分别为 1.57×10^{-5}mm^3/m、1.3×10^{-5}mm^3/m 和 1.17×10^{-5}mm^3/m。与 Q+T 相比，Q+C80+T 试样的磨损率降低了 17%，Q+C196+T 试样的磨损率降低了 25.5%，如图 6-4b 所示。

6.2.2 磨损形貌

为了解实验钢在滑动磨损条件下的磨损形貌，对实验后的试样磨损表面进行了观察。图 6-5 所示为 Q+C196+T 工艺下试样在不同滑动距离时磨损轨迹截面轮廓，可以看出，在滑动距离为 100m 时，磨损轨迹截面轮廓凸起明显。随着滑动距离的增大，凸起逐渐消失，磨损轨迹轮廓逐渐变深变宽。

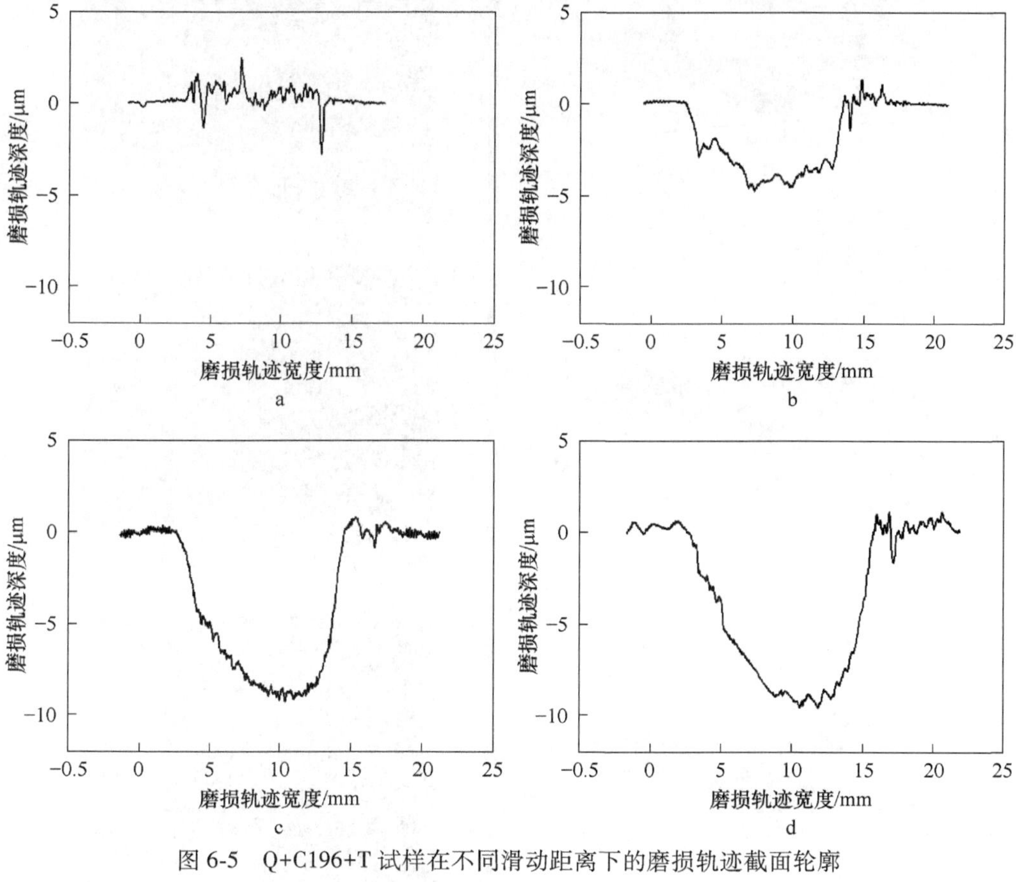

图 6-5 Q+C196+T 试样在不同滑动距离下的磨损轨迹截面轮廓

a—100m；b—500m；c—1000m；d—1500m

图 6-6 所示为 Q+C196+T 工艺下试样在不同滑动距离下的磨损轨迹三维形貌和表面 SEM 照片。如图 6-6a 所示，在滑动距离为 100m 时，可以看到磨

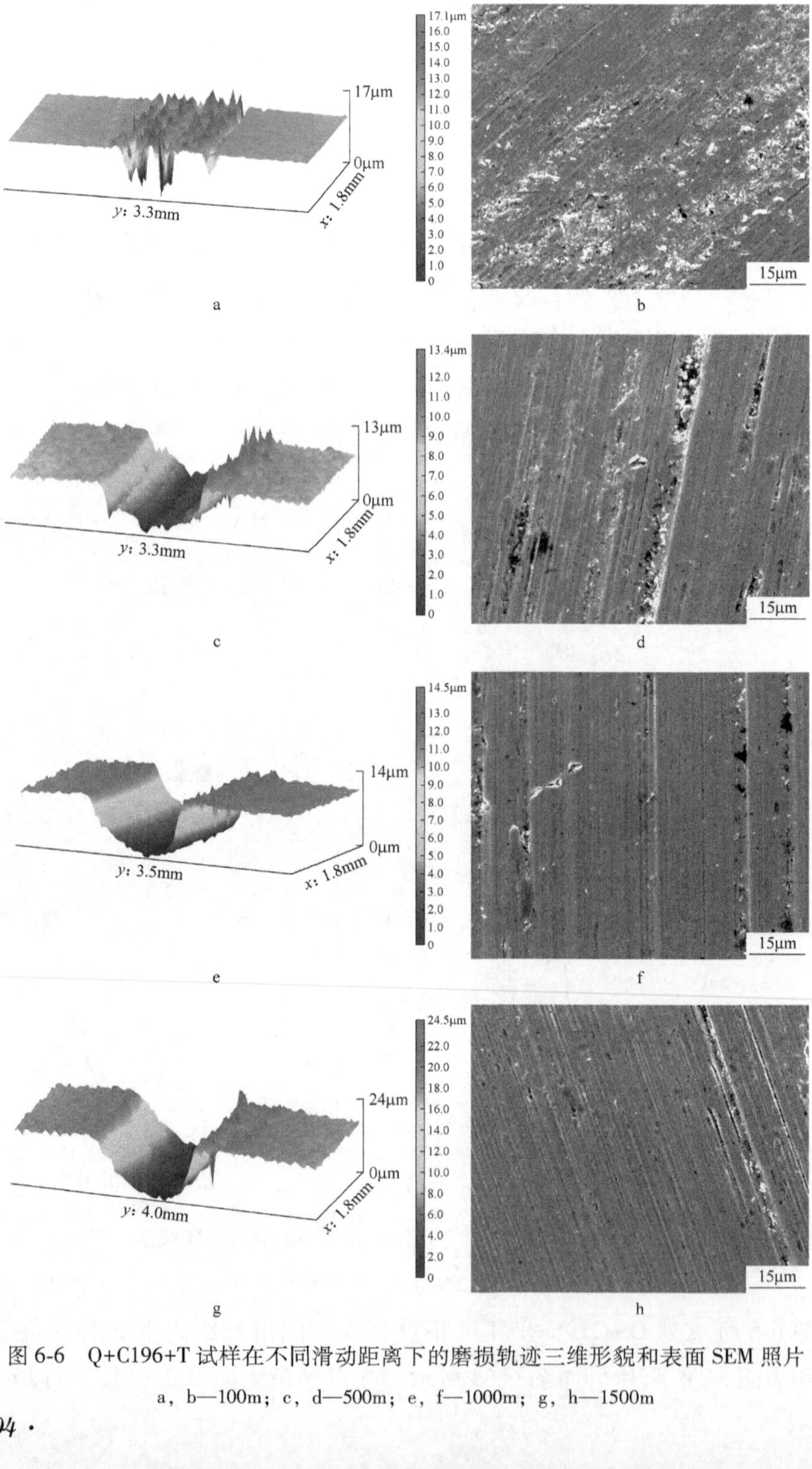

图 6-6　Q+C196+T 试样在不同滑动距离下的磨损轨迹三维形貌和表面 SEM 照片

a，b—100m；c，d—500m；e，f—1000m；g，h—1500m

损表面有许多凸起的毛刺以及浅的犁沟。对应的表面形貌（图 6-6b）为浅的犁沟、大的凹坑以及凹坑周围散落的碎片。

随着滑动距离增加到 500m，磨损表面的三维形貌表现为不同深度的犁沟，如图 6-6c 所示。表面二维形貌的主要特征为不同深度的较宽的犁沟和少量碎片，如图 6-6d 所示。当滑动距离增加到 1000m 时，磨损表面的三维形貌为较深的犁沟（图 6-6e）。对应的表面二维形貌，如图 6-6f 所示，较深的犁沟和分层形貌占主导，同时一些区域存在较大的凹坑。当滑动距离增加到 1500m 时，磨损表面仍具有犁沟磨损的特征，但沟槽变窄，磨损轨迹变深，如图 6-6g 和 h 所示。因此，从不同阶段的磨损表面可以看出，实验钢在滑动磨损过程中，犁沟磨损占主导地位，随着磨损时间的延长，犁沟逐渐变窄变深。

不同渗碳后热处理条件下试样磨损速率的变化可能与不同的磨损方式有关。图 6-7 所示为 Q+T、Q+C80+T 和 Q+C196+T 试样滑动磨损 1500m 后表面

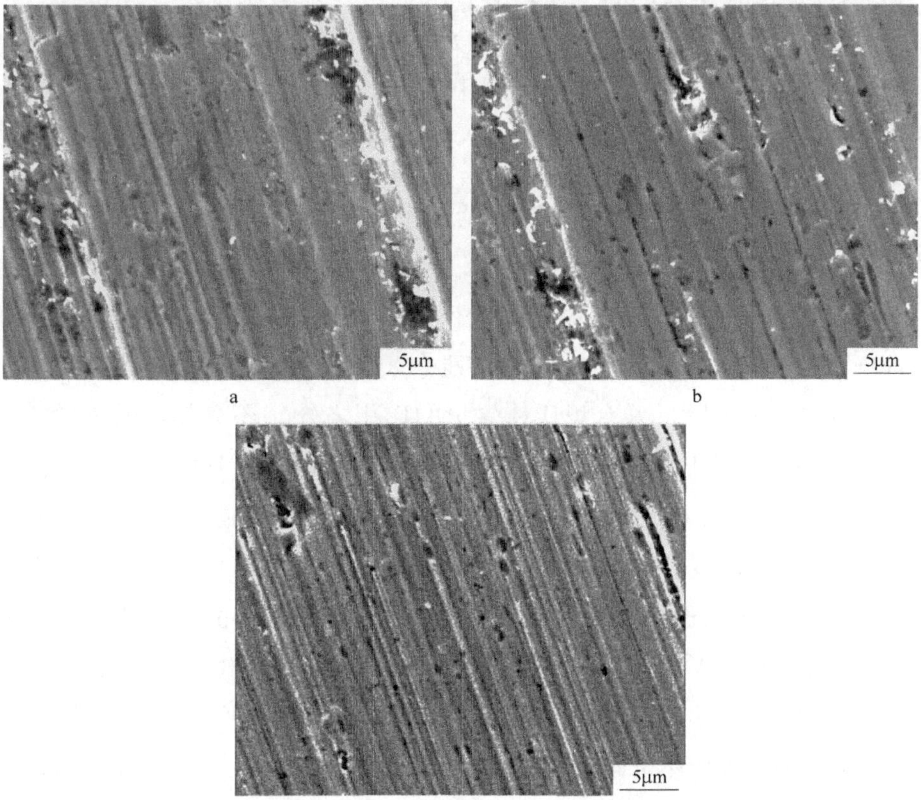

图 6-7　不同渗碳后热处理试样滑动 1500m 后磨损表面 SEM 照片

a—Q+T；b—Q+C80+T；c—Q+C196+T

SEM形貌。可以看出，在相同磨损条件下，所有试样磨损表面的形貌主要为深浅不一的平行犁沟，并有磨粒附着在磨损表面，也有部分区域出现块状的剥落和分层，这主要是因磨损过程中凸出的碳化物在摩擦过程中受热，在高温下发生氧化黏附于表面，进一步在摩擦过程中受力剥落造成的。Q+T试样的磨损表面（图 6-7a）为平行于滑动方向的深而宽的犁沟，并有大量的分层和凹坑，而 Q+C80+T（图 6-7b）和 Q+C196+T（图 6-7c）试样的磨损表面较为平滑。Q+C196+T 试样的黏着磨损现象较其他两种工艺均显著减轻，主要为磨粒磨损，表现为犁沟形貌。

6.2.3 耐磨性能与微观组织之间的关系

通过以上磨损试验结果分析可知，深冷处理显著提高了耐磨性。与 Q+T 工艺比较，Q+C80+T 工艺下试样的磨损速率降低了 17%。从传统的观点来看，深冷处理提高耐磨性的主要因素是降低了残余奥氏体含量和提高了表面硬度。不同渗碳后热处理工艺下渗碳层残余奥氏体含量和硬度的检测结果也支持了这一观点。Q+T 工艺下渗碳层中残余奥氏体含量为 23. 4%，Q+C80+T 试样的表面残余奥氏体含量降低到 10. 1%。Q+T 试样表面硬度值为 818HV，Q+C80+T 试样的表面硬度值为 848HV，提高了 3. 7%。

Q+C196+T 试样的磨损速率明显低于 Q+C80+T 试样，Q+C196+T 工艺下试样磨损速率较 Q+C80+T 工艺下降低了 10%，耐磨性能进一步改善。然而，Q+C80+T 和 Q+C196+T 工艺对于降低残余奥氏体含量方面的作用几乎相同，Q+C80+T 和 Q+C196+T 试样的表面残余奥氏体含量分别降低到 10. 1%和 8. 6%。因此，除了降低残余奥氏体含量的作用之外，还有其他因素导致了它们耐磨性的差异。图 6-8 所示为 Q+T、Q+C80+T 和 Q+C196+T 三种不同的渗碳后热处理工艺下渗碳层组织中碳化物和残余奥氏体含量与磨损速率的关系。Q+C80+T 和 Q+C196+T 试样中碳化物的体积分数分别为 13. 6%和 18. 7%，Q+C196+T 样品中碳化物的体积分数明显高于 Q+C80+T 样品。碳化物析出的增多也使硬度从 848HV 增加到 886HV。因此，Q+C196+T 相较于 Q+C80+T 的耐磨性的改善可能是由于细小碳化物析出的增多。Q+C196+T 样品中碳化物的大量析出可以降低基体中碳和合金的含量，从而提高基体的韧性。因此，由较多的硬碳化物和较软的基体组成的组织结构会提高耐磨性，Q+C196+T 处理后试样的磨损速率比 Q+T 处理后试样的磨损速率降低了约 25. 5%。

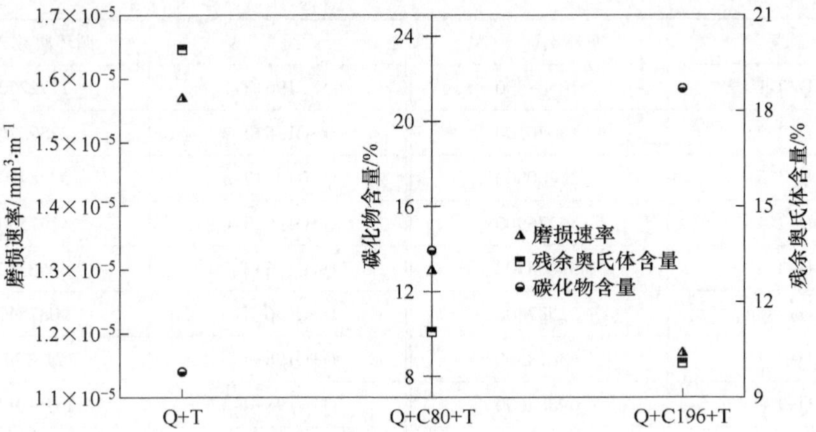

图 6-8 不同渗碳后热处理工艺下渗碳层组织中碳化物和残余奥氏体含量与磨损速率的关系

6.3 接触疲劳性能研究

6.3.1 接触疲劳性能

滚动轴承的疲劳寿命是衡量轴承质量的一项重要综合指标。通常，滚动轴承的疲劳寿命是指在工作环境下服役时，轴承表面发生疲劳现象而不能满足服役要求时的轴承内圈与外圈相对旋转次数的总和。滚动轴承的疲劳寿命受诸多因素影响，难以通过标准的实验消除或全部加以估计，滚动轴承的疲劳寿命常用额定寿命 L_{10}（L_{10}是指一批试样中 90%的试样在疲劳剥落前能够达到或超过的运转总转数，或在一定转数下达到的小时数）作为表达参数。

本节的接触疲劳试验选取 Q+T 和 Q+C196+T 工艺的实验钢进行，采取完全失效试验方法，两种工艺下的实验分别获得 12 个有效疲劳寿命，试验结果见表 6-1。其中试样的接触应力循环次数 N 按式（6-2）计算：

$$N = n \cdot t \tag{6-2}$$

式中 N——接触应力循环次数，次；

n——试样转速，r/min；

t——时间，min。

表 6-1 实验钢不同热处理工艺下滚动接触疲劳寿命试验结果

编号	循环次数 N/次	编号	循环次数 N/次
Q+T-1	10507300	Q+C196+T-1	12722500
Q+T-2	18026500	Q+C196+T-2	22595700
Q+T-3	21700800	Q+C196+T-3	33784300
Q+T-4	36276900	Q+C196+T-4	41675800
Q+T-5	39668700	Q+C196+T-5	60665800
Q+T-6	52587400	Q+C196+T-6	90875400
Q+T-7	63618500	Q+C196+T-7	121567400
Q+T-8	69887600	Q+C196+T-8	131985600
Q+T-9	86758700	Q+C196+T-9	189854700
Q+T-10	138594300	Q+C196+T-10	221456800
Q+T-11	163867800	Q+C196+T-11	324987800
Q+T-12	207965700	Q+C196+T-12	398854700

根据实验数据，计算出额定寿命 L_{10} 和中值寿命 L_{50}（L_{50} 是指一批试样中50%的试样在疲劳剥落前能够达到或超过的运转总转数，或在一定转数下达到的小时数）以及斜率参数。

试验数据处理采用两参数威布尔分布函数，其中参数估计采用的是最佳线性不变估计方法。两参数威布尔分布函数表达式为：

$$P(N)_s = 1 - e^{-\left(\frac{N}{v_s}\right)^b} \tag{6-3}$$

其对数形式为：

$$\lg\lg\left[\frac{1}{1 - P(N)_s}\right] = b(\lg N - \lg V_s) - 0.36222 \tag{6-4}$$

式中 $P(N)_s$——在某一试验应力水平 S 下试样寿命小于 N 的概率,%；

b——威布尔分布的斜率参数，表示一批次轴承寿命的离散程度，其值越大斜率越大，说明离散性越小；

N——试样寿命次数，次；

V_s——威布尔分布的特征寿命，为试样破坏概率为 63.212%时对应的寿命，次；

e——自然对数的底，取 2.71828。

由式（6-4）可知，威布尔函数在威布尔坐标上的分布可以表示为一条带斜率的直线，其中：纵坐标为 $Y = \lg\lg\left[\frac{1}{1-P(N)_s}\right]$；横坐标为 $X = \lg N$；斜率为 b。

通过数据处理，可以确定不同渗碳后热处理后实验钢子样寿命分布的两参数 b 和 V_s，据此可以对实验钢寿命分布做出评价估计。两参数估计采用的是最佳线性不变估计方法，其表达式为：

$$b = \frac{1}{2.03026\sum_{i=1}^{r} C_{\mathrm{I}}(n,\ r,\ i)\lg N_i} \tag{6-5}$$

$$\lg V_s = \sum_{i=1}^{r} D_{\mathrm{I}}(n,\ r,\ i)\lg N_i \tag{6-6}$$

式中 C_{I}，D_{I}——最佳线性不变估计系数，本节根据《金属材料滚动接触疲劳试验方法》（YB/T 5345—2006）进行查询，具体数值见表6-2。

表 6-2 C_{I} 与 D_{I} 数值

n	r	i	C_{I} (n, r, i)	D_{I} (n, r, i)
12	12	1	−0.05945	0.022771
12	12	2	−0.06395	0.031776
12	12	3	−0.0646	0.040408
12	12	4	−0.06249	0.049122
12	12	5	−0.05775	0.058175
12	12	6	−0.05014	0.0678
12	12	7	−0.03901	0.078281
12	12	8	−0.0232	0.090017
12	12	9	−0.00051	0.103664
12	12	10	0.033696	0.120475
12	12	11	0.091751	0.143566
12	12	12	0.295648	0.193947

根据计算所得的斜率参数 b 和特征寿命 V_s 的估计值，根据式（6-7）和式（6-8）可以分别计算出实验钢的额定寿命 L_{10} 和中值寿命 L_{50}。计算结果见表6-3。

$$L_{10} = V_s(0.10536)^{1/b} \tag{6-7}$$

$$L_{50} = V_s(0.69315)^{1/b} \tag{6-8}$$

表 6-3 不同渗碳后热处理工艺下实验钢的疲劳寿命估算值

试样	斜率参数 b	特征寿命 $V_s \times 10^8$/次	额定寿命 $L_{10} \times 10^8$/次	中值寿命 $L_{50} \times 10^8$/次
Q+T	1.265823	0.865225	0.146232	0.647713
Q+C196+T	1.104122	1.527221	0.198949	1.095821

根据计算获得的数值绘制了实验钢的 *P-N* 曲线，如图 6-9 所示。其中横坐标为疲劳寿命 *N*，纵坐标为累计破坏概率 *P*(*N*)。可以看出，Q+C196+T 工艺下试样的威布尔分布的斜率参数变小，说明其疲劳寿命的离散性和稳定性增强。

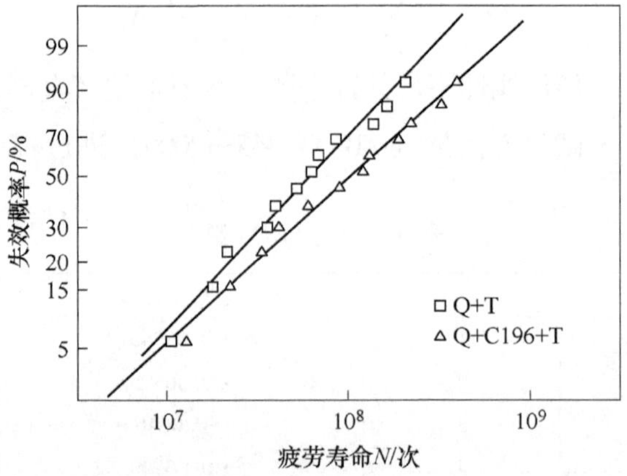

图 6-9 不同渗碳后热处理工艺下实验钢的接触疲劳寿命曲线

6.3.2 接触疲劳性能与微观组织之间的关系

接触疲劳是在接触压应力长期交变作用下造成的表面疲劳磨损，兼有一般疲劳和磨损的特征，因此，能够影响疲劳和磨损的因素对接触疲劳也有相似的作用。研究影响接触疲劳抗力的因素应从影响最大综合切应力（或局部应力集中）及材料强度因素考虑。同时，接触疲劳破坏还包括裂纹扩展撕裂过程，所以材料韧性作用也不可忽视。本节主要从碳化物及残余奥氏体两方面进行分析。

作为钢中硬脆相的碳化物容易破坏基体的连续性，在交变应力作用下，易引起应力集中，成为疲劳裂纹源，从而降低疲劳寿命。为了避免未溶碳化物的危害，轴承钢中的未溶碳化物颗粒必须细小、球化和均匀分布。一般来说，粗大碳化物的尖锐或凹凸边缘容易产生应力集中现象而萌生微裂纹，从而降低轴承的韧性和抗疲劳性能，缩短其使用寿命。此外，细小碳化物与基体的结合界面要比粗大碳化物的少，更不易发生应力集中现象；细小弥散分布的碳化物与基体的结合度要比粗大碳化物更高，因此细小的碳化物更不易剥落成为疲劳源。经过 Q+C196+T 热处理后的实验钢渗碳层组织中碳化物颗粒细小弥散分布，因此有益于提高滚动接触疲劳寿命。

近年来的研究表明，在冶金因素、工艺因素和使用因素相同的条件下，适量的残余奥氏体对提高轴承的接触疲劳寿命是有利的。首先，它们可以吸收由接触应力产生的塑性变形能，从而延迟裂纹的萌生；其次，作为钢中的软相，它们可以缓解钢中硬相（如非金属夹杂物、碳化物）上的应力集中，使裂纹萌生变得困难；最后，它们可以释放裂纹尖端的应力，从而使裂纹传播经过残余奥氏体时需要吸收更多的能量。因此，渗碳钢表面存在的残余奥氏体能有效阻止裂纹的萌生和扩展，从而延长钢的滚动接触疲劳寿命。但是，如果残余奥氏体量过多，会由于马氏体量减少使材料本身强度降低，从而使接触疲劳寿命降低。同时，由于残余奥氏体应变诱发马氏体相变产生的体积膨胀也会影响轴承的尺寸稳定性。

为了解决好这一对矛盾，比较理想的方法是既保留一定数量的残余奥氏体又使其具有较好的机械稳定性。Q+C196+T 热处理工艺既有效地降低了渗碳层淬火后过多的残余奥氏体，又使保留下来的一定数量的残余奥氏体具有很大的机械稳定性，这样既能提高轴承的接触疲劳寿命，又保证了尺寸稳定性。图 6-10a 所示是不同工艺下实验钢滚动接触疲劳实验后接触表面的 XRD 衍射图谱。可以看出，经过接触疲劳实验后，两种工艺下试样的奥氏体峰均有所减弱。残余奥氏体含量的计算结果如图 6-10b 所示。结果表明，两种工艺下实验钢表面残余奥氏体在滚动接触疲劳过程中均发生了不同程度的应变诱发马氏体相变，Q+T 试样表面残余奥氏体发生应变诱发马氏体相变的含量远远大于 Q+C196+T 试样。Q+C196+T 试样表面残余奥氏体含量趋于稳定，表层的残余奥氏体几乎不发生转变。因此可以推断，Q+C196+T 试样渗碳层中的残余奥氏体具有较高的机械稳定性。

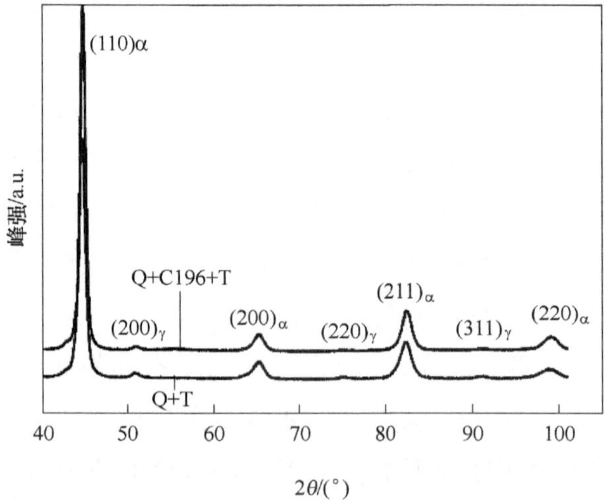

a

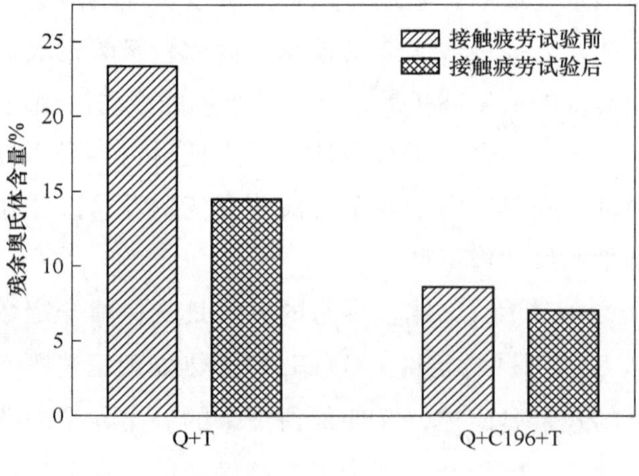

b

图 6-10 不同工艺下实验钢接触疲劳实验后表面的 XRD 衍射图及残余奥氏体含量变化

a—XRD 衍射图；b—残余奥氏体含量变化

6.4 台架实验

铁路滚动轴承试验台是测试与评估轮对轴承、保持架及润滑脂等产品性能的大型试验设备，能够模拟滚动轴承现场使用条件，是各国铁路研究试验中心和滚动轴承制造商模拟铁路机车车辆使用条件、进行滚动轴承综合性能评定的主要手段。

为了测试轴承的服役性能，抚顺特殊钢股份有限公司以及瓦房店轴承集团有限责任公司按照与 Q+C196+T 相近的工艺对 20CrNi2MoV 渗碳钢进行了加工和热处理，精磨后获得了轴承套圈，并装配成了高铁轴承样品，如图 6-11a所示。台架试验在洛阳 LYC 轴承有限公司技术中心的铁路轴承综合性能试验台上完成，测试过程如图 6-11b 所示，具体包括热性能试验和耐久性强化试验。

a　　　　　　　　　　b

图 6-11　铁路轴承综合试验台及高铁轴承样品照片

a—铁路轴承综合试验台；b—高铁轴承样品

本次试验的主要步骤为：压装轴承→试验机调试→试验，主要技术指标为：每侧轴箱表面最大风冷流速为 45m/s；最大轴向试验载荷为 100kN；最大径向试验载荷为 200kN；最高转速为 3000r/min。热性能实验持续 240h，按照热性能试验完成考核后，温度测试结果满足《机车车辆轴箱滚动轴承在轴箱试验机上的热试验方法》（TB/T 3000—2000）中热试验温度的要求，轴承的最高温度低于 90℃。

耐久性强化实验时间为 384h，试验过程中轴承运转平稳，主机电流稳定，无明显波动现象，无异常情况发生，试验正常结束。台架试验结束后，对轴承进行了分解和检查，结果如图 6-12 所示。可以看出，轴承滚动体和套圈均未出现卡住、发热变色、变形和破裂等现象，说明试验轴承通过了热性能以及耐久性强化实验考核，达到了高铁轴承的要求。

a　　　　　　　　　　　　b

图 6-12　台架试验后的轴承拆解照片

a—滚动体；b—套圈

6.5 本章小结

本章研究了不同渗碳后热处理工艺下实验钢的滑动摩擦磨损性能和滚动接触疲劳性能，分析了磨损失效机制和接触疲劳破坏机制，探究了微观组织与磨损性和接触疲劳性能之间的关系。主要结论如下：

（1）Q+T、Q+C80+T 和 Q+C196+T 工艺下实验钢的磨损速率分别为 $1.57\times10^{-5}mm^3/m$、$1.3\times10^{-5}mm^3/m$ 和 $1.17\times10^{-5}mm^3/m$。深冷处理明显降低了实验钢的磨损速率，与 Q+T 相比，Q+C80+T 试样的磨损率降低了 17%，Q+C196+T 试样的磨损率降低了 25.5%。Q+C196+T 工艺下渗碳层中碳化物大量析出，不仅提高了渗碳层硬度，而且降低了基体中碳和合金元素的含量，提高了马氏体基体的韧性，从而大大提高了耐磨性。

（2）在相同磨损条件下，试样磨损表面的形貌主要为深浅不一的平行犁沟，并有磨粒附着在磨损表面，部分区域出现块状的剥落和分层。Q+T 试样的磨损表面为平行于滑动方向深而宽的犁沟，并有大量的分层和凹坑，而 Q+C80+T 和 Q+C196+T 试样的磨损情况较 Q+T 工艺显著减轻，磨损表面较为平滑。

（3）与 Q+T 工艺相比，Q+C196+T 工艺下实验钢的额定寿命 L_{10} 和中值寿命 L_{50} 均提高，分别为 0.198949×10^8 次和 1.095821×10^8 次。威布尔分布的斜率参数 b 从 1.2658 降低到 1.1041，疲劳寿命的稳定性增强。Q+C196+T 工艺下实验钢渗碳层组织中碳化物颗粒细小弥散分布，不易发生应力集中现象，且细小的碳化物不易剥落而成为疲劳源，因此有益于滚动接触疲劳寿命的提高。同时 Q+C196+T 工艺既有效降低了渗碳层淬火后过多的残余奥氏体，又使保留下来的一定数量的残余奥氏体具有很大的机械稳定性；既提高轴承的接触疲劳寿命，又保证了轴承的尺寸稳定性。

（4）试制高铁轴承样品并进行了台架实验。其中热性能实验持续 240h，轴承的最高温度低于 90℃。耐久性强化实验时间为 384h，试验过程中轴承运转平稳。轴承整体通过了热性能以及耐久性强化性能考核，达到了高铁轴承的设计要求。

参 考 文 献

[1] 冯晓芳. 中国高速铁路的发展与展望[J]. 科技资讯，2009（1）：129~130.

[2] 张建，李长生，李彬周，等. 高铁轴承用 20CrNi2MoV 钢奥氏体晶粒长大行为研究[J]. 热加工工艺，2018，47（8）：207~211.

[3] 杨晓蔚. 高速铁路轴承概述[J]. 轴承，2011（10）：59~61.

[4] 张俊江. 高端轴承装备制造业的发展机遇[J]. 轴承，2011（12）：59~63.

[5] 孙振华. 我国铁路客车高速轴承研究分析[J]. 铁道车辆，2004，42（8）：4~7.

[6] 霍咚梅，肖邦国. 我国轴承钢生产现状及发展展望[J]. 四川冶金，2015，1（12）：61~64，70.

[7] 刘雅政，周乐育，张朝磊，等. 重大装备用高品质轴承用钢的发展及其质量控制[J]. 钢铁，2013，48（8）：1~8.

[8] 于美霞. 高端轴承制造关键技术研究[J]. 山东工业技术，2019（01）：63.

[9] 李昭昆，雷建中，徐海峰，等. 国内外轴承钢的现状与发展趋势[J]. 钢铁研究学报，2016，28（3）：1~12.

[10] 李兴林，刘泽九，张燕辽，等. 国外滚动轴承疲劳寿命试验的现状及其发展趋势[J]. 轴承，1995（12）：30~38.

[11] Pilyushenko V L, Krikunov B P, Nerovnyi Y M, et al. Effect of vacuum-degassing on the nonmetallic-inclusion content of bearing steel[J]. Metallurgist, 1984, 28（9）：311~313.

[12] Jian G, Wang L, Zhang C, et al. Effects of non-metallic inclusions on the crack propagation in bearing steel[J]. Tribology International, 2017, 106：123~131.

[13] 钟顺思，王昌生. 轴承钢［M］. 北京：冶金工业出版社，2000：1~29.

[14] Zaretsky E V. Rolling bearing steels-a technical and historical perspective[J]. Materials Science and Technology, 2012, 28（1）：58~69.

[15] Bhadeshia H K D H. Steels for bearings[J]. Progress in Materials Science, 2012, 57（2）：268~435.

[16] Trojahn W, Valentin P. Bearing steel quality and bearing performance[J]. Materials Science and Technology, 2013, 28（1）：55~57.

[17] Hashimoto K, Fujimatsu T, Tsunekage N, et al. Study of rolling contact fatigue of bearing steels in relation to various oxide inclusions[J]. Materials and Design, 2011, 32（3）：1605~1611.

[18] Mayer H, Haydn W, Schuller R, et al. Very high cycle fatigue properties of bainitic high carbon-chromium steel[J]. International Journal of Fatigue, 2009, 31（8）：1300~1308.

[19] 王昌生，万业恕. 氧含量对轴承钢疲劳寿命的影响[J]. 特殊钢，1990，11（6）：22~28.

[20] 范崇惠．国外轴承用钢技术的进展[J]. 轴承，1999 (2)：31~35.
[21] 焦晓渝．世界轴承钢生产现状及发展[J]. 中国冶金，2002 (3)：40~41.
[22] 刘浏．轴承钢产品质量与生产工艺研究[J]. 河南冶金，2003，11 (3)：11~15.
[23] Scott D, Mccullagh P J. The effect of residual gas content on the performance of rolling bearing materials [J]. Wear, 1975, 34 (3): 227~237.
[24] 宋志敏，张虹．我国轴承钢生产及质量现状[J]. 钢铁研究学报，2000，12 (4)：59~63.
[25] 秦添艳．轴承钢的生产和发展[J]. 热处理，2011，26 (2)：9~13.
[26] 王仲初．国内外高碳铬轴承钢现状[J]. 本钢技术，1996 (3)：46~48.
[27] 虞明全．轴承钢钢种系列的发展状况[J]. 上海金属，2008，30 (3)：49~54.
[28] 崔鸿，李涛，马永强．A485 标准钢种与国标 GCr15SiMn 轴承钢淬透性的对比[J]. 钢铁研究，2015，43 (3)：23~25.
[29] Li Z X, Li C S, Li B Z, et al. Effects of cooling process on microstructure and hardness for 1.0C-1.5Cr bearing steel[J]. Materials Science and Technology, 2015, 31 (6): 722~729.
[30] Mayer H, Haydn W, Schuller R, et al. Very high cycle fatigue properties of bainitic high carbon-chromium steel[J]. International Journal of Fatigue, 2009, 31 (2): 242~249.
[31] 赵国防，杨卯生，刘东雨，等．高性能渗碳轴承钢的组织与性能[J]. 钢铁研究学报，2011，23 (11)：34~40.
[32] 袁新生，王杰君，谷臣清，等．新型高温高速渗碳轴承钢[J]. 轴承，1993 (2)：30~35.
[33] Diesburg D E, Eldis G T. Fracture resistance of various carburized steels[J]. Metallurgical Transactions A, 1978, 9 (11): 1561~1570.
[34] Cohen R E, Matlock D K, Krauss G. Specimen edge effects on bending fatigue of carburized steel[J]. Journal of Materials Engineering and Performance, 1992, 1 (5): 695~703.
[35] Tavares S S M, Pardal J M, Martins T R B, et al. Influence of austenitizing on the mechanical properties of maraging 300 and sae 4340 steels-comparatives study[J]. Materials Research, 2017, 20: 39~46.
[36] 吴祥民，杨玉模，董玉雪，等．GCr4，G20CrNi2Mo 和 G20Cr2Ni4 钢接触疲劳寿命的试验研究[J]. 轴承，2001 (7)：29~30.
[37] 肖英龙．中碳轴承钢的开发[J]. 特殊钢，2003 (5)：60~61.
[38] 周志云．新型中碳轴承钢贝氏体等温淬火工艺及回火稳定性研究[D]. 济南：山东大学，2012.
[39] 王艳江．中碳 Cr、Mo 渗氮轴承钢的耐磨与疲劳性能研究[D]. 石家庄：河北科技大学，2017.
[40] 雷建中，叶健熠，杨巧玲，等．新型不锈轴承钢 6Cr14Mo 的组织与性能[J]. 轴承，2002

(2): 25~27.

[41] 魏果能，许达，俞峰，等．高纯 H9Cr18 不锈轴承钢的组织和性能[J]. 钢铁研究学报，2004，16（6）：37~40.

[42] Wu X Q, Jing H M, Zheng Y G, et al. Resistance of Mo-bearing stainless steels and Mo-bearing stainless-steel coating to naphthenic acid corrosion and erosion-corrosion[J]. Corrosion Science, 2004, 46 (4): 1013~1032.

[43] Ren L, Yang K, Guo L, et al. Preliminary study of anti-infective function of a copper-bearing stainless steel[J]. Materials Science & Engineering C, 2012, 32 (5): 1204~1209.

[44] Zhen W M, Shen T Z, Qiang Z, et al. Internal conversion electron Mössbauer study of virgin and 9Cr18 stainless bearing steel[J].Nuclear Inst & Methods in Physics Research B, 1990, 52 (1): 44~50.

[45] Ren L. In vitro study of role of trace amount of Cu release from Cu-bearing stainless steel targeting for reduction of in-stent restenosis [J]. J Mater Sci Mater Med, 2012, 23 (5): 1235~1245.

[46] Fu H G, Li Z H, Lei Y P, et al. Structural variations in heat treated B-bearing stainless steel [J]. Materials & Design, 2009, 30 (3): 885~891.

[47] Ballinger J, Catledge S A. Metal-boride interlayers for chemical vapor deposited nanostructured NSD films on 316 and 440C stainless steel[J]. Surface & Coatings Technology, 2015, 261: 244~252.

[48] 何春双，罗志强，郭军，等．Cr4Mo4V 高温轴承钢滚动接触表面特征与疲劳损伤机制[J]. 金属热处理，2018（2）：97~101.

[49] 徐玉兰，赵航．渗碳型高温轴承钢的研究[J]. 钢铁研究学报，1995（3）：85~89.

[50] 黄友阳，周默容．高温轴承钢（Cr4Mo4V）碳化物相的研究[J]. 轴承，1980（4）：34~41.

[51] 袁晓虹，郑善举，阴树标，等．回火时间对高温轴承钢组织和性能的影响[J]. 金属热处理，2014，39（10）：28~31.

[52] Temmel C, Karlsson B, Ingesten N G. Fatigue isotropy in cross-rolled, hardened isotropic-quality Steel[J]. Metallurgical & Materials Transactions A, 2008, 39 (5): 1132~1144.

[53] Henriksen S, Hampson G J, Helland-Hansen W, et al. Shelf edge and shoreline trajectories, a dynamic approach to stratigraphic analysis[J]. Basin Research, 2010, 21 (5): 445~453.

[54] Yang C Y, Xu J H, Ding W F, et al. Research on grinding of CSS-42L steel with monolayer brazed CBN wheel[J]. Diamond & Abrasives Engineering, 2013, 33 (4): 1~4, 9.

[55] Jin J, Shao T. Effects of single- and dual-element ion implantation on tribomechanical properties

of Cronidur 30 bearing steel[J]. Surface & Coatings Technology, 2018: 344.

[56] Wang Q Y, Berard J Y, Rathery S, et al. Technical note high-cycle fatigue crack initiation and propagation behaviour of high-strength sprin steel wires[J]. Fatigue & Fracture of Engineering Materials & Structures, 2010, 22 (8): 673~677.

[57] Zhang J M, Li S X, Yang Z G, et al. Influence of inclusion size on fatigue behavior of high strength steels in the gigacycle fatigue regime[J]. International Journal of Fatigue, 2007, 29 (4): 765~771.

[58] 王晓青，夏水华．滚动轴承失效影响因素与影响机制[J]. 轴承，2010 (11): 18~22.

[59] 徐鹤琴，汪久根，王庆九．滚动轴承疲劳寿命的影响因素[J]. 轴承，2016 (6): 23~27.

[60] 赵传国．滚动轴承失效分析概论[J]. 轴承，1996 (1): 39~46.

[61] 梁华，郭浩，王煜哲，等．滚动轴承接触疲劳失效的分析方法[J]. 轴承，2015 (9): 26~29.

[62] 王姗姗，郭浩，雷建中，等．我国滚动轴承磨损失效分析现状及展望[J]. 轴承，2017 (10): 58~63.

[63] 侯国安，崔艳宏．滚动轴承的失效形式及预防措施[J]. 石油和化工设备，2010, 13 (12): 54~56.

[64] Li B, Li C, Wang Y, et al. Effect of Cryogenic Treatment on Microstructure and Wear Resistance of Carburized 20CrNi2MoV Steel[J]. Metals, 2018, 8 (10): 808~821.

[65] 邹勇，杜伟娟，罗雪香，等．深层渗碳轴承滚子断裂失效分析[J]. 金属热处理，2011, 36 (9): 91~94.

[66] 李丹，杨卯生，曹建春，等．渗碳轴承钢的显微组织和疲劳性能分析[J]. 材料热处理学报，2014, 35 (6): 137~141.

[67] 陆大启，吴继贤．渗碳轴承钢锻件的预先热处理[J]. 轴承，1983 (6): 26~29, 65.

[68] Verhoeven J D. A review of microsegregation induced banding phenomena in steels[J]. Journal of materials engineering and performance, 2000, 9 (3): 286~296.

[69] Stickels C A. Carbide refining heat treatments for 52100 bearing steel[J]. Metallurgical Transactions, 1974, 5 (4): 865~874.

[70] Kar R J, Horn R M, Zackay V F. The effect of heat treatment on microstructure and mechanical properties in 52100 steel[J]. Metallurgical Transactions A, 1979, 10 (11): 1711~1717.

[71] 徐尚呈，周立新，雷应华，等. G20CrNi2MoA 带状组织的形成机制及消除方法[J]. 物理测试，2012, 30 (5): 18~22.

[72] Wunning J，蒋国栋．气体渗碳工艺的发展趋势[J]. 热处理技术与装备，1983 (6): 13~17.

[73] 羽生田智纪，蒋修治，彭惠民．新型渗碳工艺与钢材开发[J]．国外机车车辆工艺，2006（3）：29~32.

[74] Sproge L，Agren J. Experimental and theoretical studies of gas consumption in the gas carburizing process[J]. Journal of Heat Treating，1988，6（1）：9~19.

[75] Koyama T，Kubota M，Yoshida S. Effect of Si concentration on carbon concentration in surface layer after gas carburizing[J]. ISIJ International，2016，56（9）：1638~1645.

[76] 李淑镜，张岭，王新伟．G20CrNi2MoA 钢制轴承套圈的热处理工艺[J]．哈尔滨轴承，2012（4）：42~44.

[77] Ulutan M，Celik O N，Gasan H，et al. Effect of different surface treatment methods on the friction and wear behavior of AISI 4140 steel[J]. Journal of Materials Science & Technology，2010，26（3）：251~257.

[78] 李长生，赵灵蓉，班君，等．SG13Cr4Mo4Ni4V 轴承钢渗碳及热处理工艺研究[J]．哈尔滨轴承，2004，25（3）：37~39.

[79] Izciler M，Tabur M. Abrasive wear behavior of different case depth gas carburized AISI 8620 gear steel[J]. Wear，2006，260（1-2）：90~98.

[80] 叶健熠，袁新生，邱志仁，等．高温渗碳轴承钢 10Cr4Ni4Mo4V 的渗碳热处理[J]．轴承，2000（8）：30~33，47~48.

[81] 景国荣，曹广惠，薛经仙，等．G20CrNi2MoA 渗碳后热处理工艺的研究[J]．轴承，1986（2）：18~24，65.

[82] 聂继红，郑金松．15CrMn2SiMo 钢渗碳后热处理工艺研究[J]．中国矿业大学学报，1993（A12）：66~70.

[83] 丁志敏，王传雅．热处理工艺对 18Cr2Ni4WA 钢渗碳件组织和性能的影响[J]．热加工工艺，1990（3）：13~17.

[84] Chaus A S，Murgash M，Latyshev I V，et al. Heat treatment of cast carburizing high~speed steel alloyed with Ti，Nb，and V[J]. Metal science and heat treatment，2001，43（5~6）：220~223.

[85] 中国机械工程学会热处理分会《热处理手册》编委会．热处理手册［M］．北京：机械工业出版社，2001：699~701.

[86] 汪传稷．渗碳轴承用钢及其热处理［M］．北京：兵器工业出版社，1989：256~267.

[87] 徐子健，魏绍鹏，周鹏，等．18Cr2Ni4WA 钢真空渗碳后热处理工艺的优化[J]．金属热处理，2014，39（9）：32~35.

[88] Genel K，Demirkol M. Effect of case depth on fatigue performance of AISI 8620 carburized steel [J]. International Journal of Fatigue，1999，21（2）：207~212.

[89] Erdogan M，Tekeli S. The effect of martensite volume fraction and particle size on the tensile

properties of a surface-carburized AISI 8620 steel with a dual-phase core microstructure[J]. Materials Characterization, 2002, 49 (5): 445~454.

[90] 钱士强，陈行康．渗碳后热处理制度对接触疲劳性能的影响[J].热加工工艺，1995 (6): 3~7.

[91] 顾开选，王俊杰，张红．高端装备制造核心部件及材料的深冷处理改性技术分析[J].新材料产业，2015 (7): 50~57.

[92] 吴红艳，艾峥嵘，刘相华．钢铁材料深冷处理技术研究和应用进展[J].材料热处理学报，2013，34 (12): 1~8.

[93] 孙惠斌．航空难加工材料的深冷加工技术研究进展[J].航空制造技术，2017，60 (8): 16~21.

[94] Barron R F. Cryogenic treatment of metals to improve wear resistance[J]. Cryogenics, 1982, 22 (8): 409~413.

[95] Podgornik B, Paulin I, Zajec B, et al. Deep cryogenic treatment of tool steels[J]. Journal of Materials Processing Technology, 2016, 229: 398~406.

[96] Dhokey N B, HAKE A R. Cryogenic Treatment of Tool Steels[J]. Steel World, 2014: 52~55.

[97] Lal D M, Renganarayanan S, Kalanidhi A. Cryogenic treatment to augment wear resistance of tool and die steels[J]. Cryogenics, 2001, 41 (3): 149~155.

[98] Huang J Y, Zhu Y T, Liao X Z, et al. Microstructure of cryogenic treated M2 tool steel[J]. Materials Science and Engineering: A, 2003, 339 (1-2): 241~244.

[99] Akhbarizadeh A, Shafyei A, Golozar M A. Effects of cryogenic treatment on wear behavior of D6 tool steel[J]. Materials & Design, 2009, 30 (8): 3259~3264.

[100] Molinari A, Pellizzari M, Gialanella S, et al. Effect of deep cryogenic treatment on the mechanical properties of tool steels[J]. Journal of Materials Processing Technology, 2001, 118 (1-3): 350~355.

[101] Akhbarizadeh A, Golozar M A, Shafeie A, et al. Effects of austenizing time on wear behavior of d6 tool steel after deep cryogenic treatment [J]. Journal of Iron and Steel Research International, 2009, 16 (6): 29~32.

[102] Zhirafar S, Rezaeian A, Pugh M. Effect of cryogenic treatment on the mechanical properties of 4340 steel[J]. Journal of Materials Processing Technology, 2007, 186 (1-3): 298~303.

[103] Rhyim Y M, Han S H, Na Y S, et al. Effect of deep cryogenic treatment on carbide precipitation and mechanical properties of tool steel[J]. Solid State Phenomena, 2006, 118: 9~14.

[104] Huang J Y, Zhu Y T, Liao X Z, et al. Microstructure of cryogenic treated M2 tool steel[J]. Materials Science and Engineering: A, 2003, 339 (1-2): 241~244.

[105] Li S, Xie Y, Wu X. Hardness and toughness investigations of deep cryogenic treated cold work die steel[J]. Cryogenics, 2010, 50 (2): 89~92.

[106] Vahdat S E, Nategh S, Mirdamadi S. Effect of microstructure parameters on tensile toughness of tool steel after deep cryogenic treatment[J]. International Journal of Precision Engineering & Manufacturing, 2014, 15 (3): 497~502.

[107] Çakir F H, Çelik O N. The effects of cryogenic treatment on the toughness and tribological behaviors of eutectoid steel[J]. Journal of Mechanical Science & Technology, 2017, 31 (7): 3233~3239.

[108] Surberg C H, Stratton P, Lingenhöle K. The effect of some heat treatment parameters on the dimensional stability of AISI D2[J]. Cryogenics, 2008, 48 (1-2): 42~47.

[109] 张红，顾开选，王俊杰，等．深冷处理对 GCr15 钢尺寸稳定性的影响[J]．金属热处理，2015，40（7）：38~141.

[110] 顾开选，张红，王洪建，等．深冷处理对 20CrMnTi 钢尺寸稳定性及硬度的影响[J]．金属热处理，2015，40（10）：104~107.

[111] 李向军，李绍宏，闵永安，等．Cr12MoV 冷作模具钢在深冷处理过程中的相变研究[J]．上海金属，2011，33（3）：23~26.

[112] Meng F, Tagashira K, Azuma R, et al. Role of eta-carbide precipitations in the wear resistance improvements of Fe-12Cr-Mo-V-1. 4 C tool steel by cryogenic treatment[J]. ISIJ International, 1994, 34 (2): 205~210.

[113] Koneshlou M, Asl K M, Khomamizadeh F. Effect of cryogenic treatment on microstructure, mechanical and wear behaviors of AISI H13 hot work tool steel[J]. Cryogenics, 2011, 51 (1): 55~61.

[114] Li S, Xie Y, Wu X. Hardness and toughness investigations of deep cryogenic treated cold work die steel[J]. Cryogenics, 2010, 50 (2): 89~92.

[115] Das D, DuttaA K, Toppo V, et al. Effect of deep cryogenic treatment on the carbide precipitation and tribological behavior of D2 Steel[J]. Advanced Manufacturing Processes, 2007, 22 (4): 474~480.

[116] Gavriljuk V G, Sirosh V A, Petrov Y N, et al. Carbide precipitation during tempering of a tool steel subjected to deep cryogenic treatment[J]. Metallurgical & Materials Transactions A, 2014, 45 (5): 2453~2465.

[117] Özbek N A, Çiçek A, Gülesin M, et al. Application of deep cryogenic treatment to uncoated tungsten carbide inserts in the turning of AISI 304 stainless steel[J]. Metallurgical & Materials Transactions A, 2016, 47 (12): 6270~6280.

[118] 李雄，李士燕，张鸿冰，等．6W-5Mo-4Cr-2V 高速钢深冷处理微观组织结构的分析[J]．上海交通大学学报，2002，36（7）：905~907.

[119] 卢斌，易丹青．超高强度钢 TRm80 的深冷处理[J]．钢铁研究学报，2000，12（4）：31~35.

[120] 葛艳辉．深冷处理对 GCr15 轴承钢组织及力学性能的影响[J]．材料导报，2013，27（s2）：334~335.

[121] Podgornik B, Paulin I, Zajec B, et al. Deep cryogenic treatment of tool steels[J]. Journal of Materials Processing Technology, 2016, 229: 398~406.

[122] Li H, Tong W, Cui J, et al. The influence of deep cryogenic treatment on the properties of high-vanadium alloy steel[J]. Materials Science and Engineering: A, 2016, 662: 356~362.

[123] Senthilkumar D. Effect of deep cryogenic treatment on residual stress and mechanical behaviour of induction hardened En 8 steel[J]. Advances in Materials and Processing Technologies, 2016, 2 (4): 427~436.

[124] Pérez M, Belzunce F J. The effect of deep cryogenic treatments on the mechanical properties of an AISI H13 steel[J]. Materials Science and Engineering: A, 2015, 624: 32~40.

[125] Jomaa W, Songmene V, Bocher P. An investigation of machining-induced residual stresses and microstructure of induction-hardened AISI 4340 steel[J]. Materials and Manufacturing Processes, 2016, 31 (7): 838~844.

[126] 韩晓君，李淑娟，闫献国，等．深冷处理对高速钢磨削表面残余应力的影响[J]．热加工工艺，2015（2）：227~231.

[127] 李根，闫献国，彭宁涛，等．深冷处理对工件残余应力影响的研究概况[J]．热加工工艺，2013，42（20）：19~23.

[128] 章军，周路海，黎军顽，等．浸没方式对 C 形环试样深冷处理组织演变及残余应力的影响[J]．金属热处理，2018（4）：46~49.

[129] Fridman Y B. Mechanical properties of metals[J]. Metal Science and Heat Treatment, 1975, 17 (7): 637.

[130] El-Labban H F, Mahmoud E R I, Al-Wadai H. Formation of VC-composite surface layer on high C-Cr bearing tool steel by laser surface cladding[J]. Journal of Manufacturing Processes, 2015, 20 (9): 190~197.

[131] Bastias P C, Hahn G T, Rubin C A, et al. Analysis of rolling contact spall life in 440C bearing steel[J]. Wear, 1994, 171 (1): 169~178.

[132] Zhao J, Zhao T, Hou C S, et al. Improving impact toughness of high C-Cr bearing steel by Si-Mo alloying and low-temperature austempering [J]. Materials Design, 2015, 86 (1): 215~220.

[133] Zhao J, Wang T S, Lv B, et al. Microstructures and mechanical properties of a modified high C-Cr bearing steel with nano-scaled bainite[J]. Materials Science and Engineering: A, 2015, 628 (7): 327~331.

[134] Liu S, Tan H, Guo H, et al. The determining role of aluminum on copper precipitation and mechanical properties in Cu-Ni-bearing low alloy steel[J]. Materials Science and Engineering: A, 2016, 676 (14): 510~521.

[135] Hättestrand M, Nilsson J O, Stiller K, et al. Precipitation hardening in a 12% Cr-9% Ni-4% Mo-2% Cu stainless steel[J]. Acta Materialia, 2004, 52 (4): 1023~1037.

[136] Yu X, Caron J L, Babu S S, et al. Characterization of microstructural strengthening in the heat-affected zone of a blast-resistant naval steel [J]. Acta Materialia, 2010, 58 (17): 5596~5609.

[137] 刘红祎，肖洋，李卯华，等．大负荷轧机用渗碳轴承钢 G20Cr2Ni4A 的生产试制[J]. 金属世界，2016，27 (9)：57~60.

[138] Zhang Y J, Miyamoto G, Shinbo K, et al. Effects of α-γ orientation relationship on VC interphase precipitation in low-carbon steels[J]. Scripta Materialia, 2013, 69 (1): 17~20.

[139] Zhang J, Li C S, Li B Z, et al. Effect of cooling rate on microstructure and mechanical properties of 20CrNi2MoV steel[J]. Acta Metallurgica Sinica (English Letters), 2016, 29 (4): 353~359.

[140] Zhang J, Li C S, Li B Z, et al. Effect of final cooling temperature on microstructure and mechanical properties of a Cr-Ni-Mo-V bainite steel[J]. Journal of Materials Engineering and Performance, 2018, 27 (9): 4749~4759.

[141] 王瑞祥，谷南驹．7CrSiMnMoV 钢的马氏体形态及其强韧性研究[J]. 金属学报，1991，4 (3)：462~466.

[142] 俞学节．一种新高强度不锈钢（Cr12Mn5Ni4Mo3Al）的组织特征[J]. 材料热处理学报，1982 (1)：52~64.

[143] 刘江文，罗承萍，肖晓玲．38Si2Mn2Mo 钢下贝氏体和回火马氏体中的碳化物析出行为[J]. 兵器材料科学与工程，2001，24 (1)：12~15.

[144] Lu W, Herbig M, Liebscher C H, et al. Formation of eta carbide in ferrous martensite by room temperature aging[J]. Acta Materialia, 2018, 158: 297~312.

[145] Tyshchenko A I, Theisen W, Oppenkowski A, et al. Low-temperature martensitic transformation and deep cryogenic treatment of a tool steel[J]. Materials Science and Engineering: A, 2010, 527 (26): 7027~7039.

[146] Bandyopadhyay N, McMahon C J. The micro-mechanisms of tempered martensite embrittlement

in 4340-type steels[J]. Metallurgical Transactions A, 1983, 14 (7): 1313~1325.

[147] 杨钢，刘新权，杨沐鑫，等. 1Cr12Ni3Mo2VN (M152) 耐热钢的脆化机制[J]. 特钢技术，2009，15 (4): 14~24.

[148] 张灶利，刘登科. 超低碳钢等温过程中杂质的晶界偏聚研究[J]. 材料热处理学报，1999 (2): 21~25.

[149] Nam W J, Choi H C. Effect of Si on mechanical properties of low alloy steels[J]. Materials science and technology, 1999, 15 (5): 527~530.

[150] Sastry C N, Wood W E. On the presence of retained austenite at the prior austenite grain boundaries of AISI 4340 steel[J]. Materials Science and Engineering, 1980, 45 (3): 277~280.

[151] Xu Z Y, Cao S W. Mechanism of embrittlement in tempered martensite[J]. Materials Science and Technology, 1985, 1 (12): 1025~1028.

[152] Rao B V N, Thomas G. Structure-property relations and the design of Fe-4Cr-C base structural steels for high strength and toughness[J]. Metallurgical Transactions A, 1980, 11 (3): 441~457.

[153] Sarikaya M, Jhingan A K, Thomas G. Retained austenite and tempered martensite embrittlement in medium carbon steels[J]. Metallurgical Transactions A, 1983, 14 (6): 1121~1133.

[154] Xu Z Y, Li X M. Diffusion of carbon during the formation of low-carbon martensite[J]. Scripta Metallurgica, 1983, 17 (11): 1285~1288.

[155] 徐祖耀. 马氏体相变与马氏体 [M]. 北京：科学出版社，1981：168~172.

[156] 徐祖耀. 低碳钢中的残余奥氏体[J]. 上海金属，1995，17 (1)：1~5.

[157] Lai G Y, Wood W E, Clark R A, et al. The effect of austenitizing temperature on the microstructure and mechanical properties of as-quenched 4340 steel[J]. Metallurgical Transactions, 1974, 5 (7): 1663~1670.

[158] Rao B V N, Thomas G. Structure-property relations and the design of Fe-4Cr-C base structural steels for high strength and toughness [J]. Metallurgical Transactions A, 1980, 11 (3): 441~457.

RAL · NEU 研究报告

（截至 2019 年）

No. 0001 大热输入焊接用钢组织控制技术研究与应用
No. 0002 850mm 不锈钢两级自动化控制系统研究与应用
No. 0003 1450mm 酸洗冷连轧机组自动化控制系统研究与应用
No. 0004 钢中微合金元素析出及组织性能控制
No. 0005 高品质电工钢的研究与开发
No. 0006 新一代 TMCP 技术在钢管热处理工艺与设备中的应用研究
No. 0007 真空制坯复合轧制技术与工艺
No. 0008 高强度低合金耐磨钢研制开发与工业化应用
No. 0009 热轧中厚板新一代 TMCP 技术研究与应用
No. 0010 中厚板连续热处理关键技术研究与应用
No. 0011 冷轧润滑系统设计理论及混合润滑机理研究
No. 0012 基于超快冷技术含 Nb 钢组织性能控制及应用
No. 0013 奥氏体-铁素体相变动力学研究
No. 0014 高合金材料热加工图及组织演变
No. 0015 中厚板平面形状控制模型研究与工业实践
No. 0016 轴承钢超快速冷却技术研究与开发
No. 0017 高品质电工钢薄带连铸制造理论与工艺技术研究
No. 0018 热轧双相钢先进生产工艺研究与开发
No. 0019 点焊冲击性能测试技术与设备
No. 0020 新一代 TMCP 条件下热轧钢材组织性能调控基本规律及典型应用
No. 0021 热轧板带钢新一代 TMCP 工艺与装备技术开发及应用
No. 0022 液压张力温轧机的研制与应用
No. 0023 纳米晶钢组织控制理论与制备技术
No. 0024 搪瓷钢的产品开发及机理研究
No. 0025 高强韧性贝氏体钢的组织控制及工艺开发研究
No. 0026 超快速冷却技术创新性应用——DQ&P 工艺再创新
No. 0027 搅拌摩擦焊接技术的研究
No. 0028 Ni 系超低温用钢强韧化机理及生产技术
No. 0029 超快速冷却条件下低碳钢中纳米碳化物析出控制及综合强化机理
No. 0030 热轧板带钢快速冷却换热属性研究
No. 0031 新一代全连续热连轧带钢质量智能精准控制系统研究与应用
No. 0032 酸性环境下管线钢的组织性能控制
No. 0033 海洋柔性软管用高强度耐蚀钢组织和性能研究
No. 0034 大线能量焊接用钢氧化物冶金工艺技术
No. 0035 高强耐磨合金化贝氏体球墨铸铁的制备与组织性能研究
No. 0036 热基镀锌线锌花质量与均匀性控制技术应用研究
No. 0037 高性能淬火配分钢的研究与开发
No. 0038 渗碳轴承钢的热处理工艺及组织性能

（2020 年待续）